阳光少年心理成长 家长辅导

一位外婆的育教经验

柳 珏 ◎著

科学普及出版社

·北京·

图书在版编目（CIP）数据

一位外婆的育教经验/柳珏著. —北京：科学普及
出版社，2011.1
（阳光少年心理成长家长辅导）
ISBN 978-7-110-07366-7

Ⅰ.①一… Ⅱ.①柳… Ⅲ.①家庭教育-经验-中国
Ⅳ.①G78

中国版本图书馆CIP数据核字（2010）第227301号

本社图书贴有防伪标志，未贴为盗版

责任编辑 杨 艳
责任校对 赵丽英
责任印制 张建农

科学普及出版社出版
北京市海淀区中关村南大街16号 邮政编码：100081
电话：010-62173865 传真：010-62179148
http://www.kjpbooks.com.cn
科学普及出版社发行部发行
北京长宁印刷有限公司印刷
*
开本：720毫米×960毫米 1/16 印张：6 字数：130千字
2011年1月第1版 2011年1月第1次印刷
印数：1—4000册 定价：16.00元
ISBN 978-7-110-07366-7/G·3198

序

一位智慧型的外婆

本书记述了一位外婆的育儿经验。这些经验来自于她 8 年来的育儿实践，因此读起来让我格外感到朴素、亲切，而且很启迪后人。

俗语说"隔代亲"。作者当上了外婆后，她不仅给外孙以爱与情，更是给这种爱和情赋予智慧，培养外孙健康地成长。

首先，外婆的智慧体现在她学习上的认真。外孙出生后，外婆成为他来到这个世界上第一个看到他的家人，见到小外孙又胖又健康，外婆内心的愉悦难以言说，但同时又遇上了三个不明白，于是她就虚心地向护士请教。

在孩子成长的过程中，又不断遇到这样、那样的问题，她认真地读有关育儿的书和杂志，并随时请教儿童教育专家。可以说，外孙八年健康成长的历程也是外婆学习积累的过程。在某种意义上说，外婆和外孙是在同步成长。

其次，外婆的智慧体现在她观察上的细心。她细心观察外孙点点滴滴的变化，并不断地创设条件，满足外孙的需求。如孩子活泼好动，富有探索精神，外孙 8 个月大的时候，外婆就给他一个更大的活动空间，让孩子在这个空间自由地爬来爬去，孩子爬行速度之快简直就像是一只小壁虎。领外孙去图书大厦时，她发现孩子对书有兴趣，于是就在他床头布置了一个小小图书角。带着他在社区院子里玩耍时，她发现外孙对社区里的汽车车牌感兴趣，这位智慧的外婆就地取材，就把汽车车牌作为外孙的启蒙教科书。发现外孙具有数学潜能时，她就和外孙一起玩硬币，到商店里去认识价格，把物品称一称……

总之，外婆的细心观察和及时引导，不仅让外孙身体健壮，而且智力发育也很好。于是小外孙能从一年级跳过二年级直上三年级，成为三年级同学的小弟弟。

再次，外婆在启蒙教育中非常重视孩子的实践活动。特别值得一提的是，她能在生活中充分利用身边的学习资源，如看电视屏幕上显示的文字、天气预报、各省市的地理位置，看社区商业街上各种商店的名称时，她把这些均作为外孙的学习资源。在节假日里，她带孩子到祖国各地去旅游，让孩子感受祖国大好河山之美。这种直观教育使孩子得到很生动的体验，而这种体验性教育对孩子的健康成长至关重要。

最后，外婆的智慧体现在她善于倾听。她能蹲下来和外孙一起在玩中学，而且一老一小快乐地进行互动式的学习。这种学习不仅让孩子感到学习是快乐的，而且这种民主、平等、友好的互动式交往也有利于孩子健全人格的建构。现在外孙已上了小学四年级，在班级里是德、智、体、美诸方面全面发展的好学生。外孙的健康成长中，蕴含着外婆的辛苦和智慧。

在结束这一短文时，我想说的是，本书在家庭教育的书刊中应该说是并不多见的。因为这是一本记述一位外婆育教孙儿的书。全国约有 50% 的孩子和奶奶爷爷、外公外婆生活在一起。北京就约有 70% 的孩子和老人在一起生活。因此，爷爷奶奶辈的老人应该可以从这本书中得到一些有益的启迪。愿这本书能给"隔代亲"赋予更多的智慧，让我们的孩子更加茁壮成长。

中国科学院心理研究所研究员、博士生导师

张梅玲

2009 年 2 月

作者的话

在职几十年，一直从事化学研究，不知不觉中自己的两个孩子都已成年。由于投身工作，对孩子的育教未能尽心，实属不称职的母亲。一生与物打交道和与人打交道的教育工作相去甚远，之所以年逾古稀提笔写这本书欲藉此表达几种心愿。

自外孙出生呱呱待哺直至成为一个三好小学生，8年的艰辛回忆起来酸、甜、苦、辣感受颇多，融于六个字：劳于身、愉于心。这可能是隔代长辈普遍的心情。

8年来代女儿、女婿行使着父母育儿工作，对外孙的成长即严又纵，却从未无原则溺爱。纵观横看与我同龄的老年人对第三代儿孙的感情虽深，但却溺爱多于正面教育，这也是我写这本书叙述我对外孙的挚亲感情是如何付诸实践生活中去的原因。

在我与众多同龄老年人接触中，常会听到婆媳、母女、父子、翁婿之间在育教孩子过程中发生矛盾，尤其双职工夫妻对父母埋怨、指责多于理解、体会，我在本书以图文并茂的形式真实地表述一位年逾花甲的老人带一个天真无邪的幼儿，每日生活的操劳，精神的疲惫，恳望年轻的父母能理解自己年老父母，对于年迈双亲对孙辈的感情和他们付出的艰辛，能体谅老人，尊敬老人。

最后我希望每位懂事后的青少年、中年人，能了解自己幼年无知时及成长过程中，父母、祖父母、外祖父母曾经在情感、身心和用语言无法表达的一切付出。

中国有句俗语：滴水之恩当涌泉相报。父母、祖父母、外祖父母在生、育、教过程中给予自己的恩情该如何以报？

感谢张梅玲教授在我举棋不定浩儿跳级与否时给予的指点。感谢张教授在百忙中细心审阅书稿并给予的热情鼓励。

浩儿还很小，他今后的学习道路还很漫长。在他步入小学的这三年时间里，只是在知识这座金字塔底刚垫下一块砖。愿我的浩儿在逐渐成长中真正懂得"知识就是力量"这句名言。

柳 珏
2009 年

目录

0~3岁

发现和促进孩子体能和智能发展

一、年逾花甲又负重任，外婆的三个第一

　　我在职时从事化学研究工作，退休后受聘于一家化妆品公司，待遇不低，工作轻松。然而这种每天早上班、晚归家的单调疲劳生活很快让我厌倦了，毕竟年龄大了，精力、体力不比年轻时充沛，加之我们这一代人从新中国成立至改革开放，经历了国家翻天覆地的变化以及承受着上有老、下有小的生活艰辛，花甲之年国家给予生活经济保障，可以安度晚年了，再为工作奔波、超负荷支出体力会造成得不偿失的后果，因而退出了上班族。本想在家做一些过去想做而未能做的事，养养花、摄影、学国画，然而没轻松多久就得知女儿怀孕了。这本来这是我期盼多年的事，女儿已结婚十余年了，婚后不久曾经怀孕，当时为了学习和工作女儿毅然做了流产手术，如留下那个孩子，现在（2009 年）算来已经是 17 岁的大小伙子或亭亭玉立的少女了。亲家夫妇知道女儿怀孕也非常高兴，他们夫妇比我们夫妻年长且多病，鉴于此，亲家母一再恳请由我照顾这个将要出世的孩子，并且把起名权也授给我。我无从推托，欣然接受了这个既沉重又愿扛的"包袱"，谁让他是我的外孙呢。

　　女儿预产期是 5 月中旬，为防意外提前住院。女儿怀孕已届 35 岁，住院后医生就表示：高龄初产妇为了安全最好剖腹产。五一国际劳动节前夕我们和院方均害怕放假期间医护人手少时孩子出生，经双方协商，决定节前做剖腹产手术，于是 1999 年五一节前夕小外孙比预产期提前 20 天来到这个世界。

　　当天早上我和姑爷在手术室前厅等候，10 点多钟一位护士怀中抱一小布包出来，我以为抱的是手术器械没在意，护士突然大声喊："谁是 ×××的家属？"我赶快站出来回答，那位护士笑眯眯地说："这是你的外孙子，他妈妈还在缝针，孩子爸爸留下，你跟我到病

房去。"我急迫想打开包看看小孙子，护士说现在还没洗澡不能看。我跟着护士一路小跑来到产科病房一个房间，她关上门不让我进，一会儿抱出孩子大声告诉我："体重3550克，身长51.5厘米，很健康，去病房吧！"我们事先订了一个单间，她把孩子放在小床上就出去了。此时我才看到小家伙的脸红扑扑的曾半睡状态，床较低我弯腰看了许久，我是他来到世界上第一个看到他的家人。我刚想打开包看看他的肢体，小家伙突然醒了大哭，护士听到哭声推门进来，我问为什么哭啊？护士打开包看了看，对我说："你带奶粉了吗？"我说："没带。"护士说："他饿了，要吃。你赶快出去买奶粉，我们喂奶是定时的，现在你们自己得准备。"我急匆匆出去在医院附近超市买了奶粉、奶瓶、瓶刷及一次性婴儿尿裤回到病房，护士拿了奶粉出去，很快沏好奶回来，把奶瓶交给我说："你喂吧，我还有事儿。"当我把奶嘴放到小家伙嘴里时，他立即停止了哭声，吃着外婆喂他来到这个世界上的第一餐饭，小家伙喝完奶睡着了，我轻轻地打开布包，看到小外孙又胖又健康，我愉悦的心情无法言表，刚想重新包上，突然他便出一股柏油状又黑、又黏的东西，我急急按铃叫护士，护士进来问怎么了？我说："你看看他拉的这是什么？"护士一看笑了，她说："您都当姥姥了，怎么还不明白这是什么？"我说："我生过两个孩子，没见过小孩儿拉这种东西。"护士说："也难怪，过去您们生了孩子，产房护士就抱走了，之后，每天定时给您们抱来看看，吸吸奶，几天里给孩子清洗、喂奶、换尿布都由产房护士负责，您们是没有看到过孩子最初三天拉的屎是什么样子。孩子最初几天要把在娘胎里吸入肠子里的东西拉出来，以后才是现在吃下去的东西消化吸收以后变成的粪便。"她这一解释我才恍然大悟，生过两个孩子，几十年了才知道孩子来到这个世界上最初排出的便原来和柏油一样！外孙的第一次胎便是外婆收拾的。

回家后，当我把这段趣事说给老邻居们听时，她们都说我：放着高薪不挣，60 多岁的人了，却又去摆弄一个刚出生的婴儿，这种辛苦胜过上班。但我看到这个第三代的一瞬间比看到金钱心情愉悦多了，也许这就是人类的天性吧，这就是母爱。替女儿照看她的孩子，也是天职。

二、3 个月蹬破小床

我给孩子起了名字，最后一个字是"浩"，所以乳名叫"浩儿"。浩儿出生第 7 天和妈妈一同离开医院回到外婆家。爸爸的单位给他放了一周的"产假"，浩儿的妈妈准备休 3 个月产假，所以这段时间由于有他爸妈帮忙，我倒没觉得太累。从医院回家后小家伙一吸他妈妈的奶就哭，因为女儿产后伤口疼一直无法喂奶，影响了乳汁分泌，小家伙吸奶不挡口所以哭，我虽然想了许多办法，煲各种汤让女儿喝，结果她本人见胖奶水却不见多，无奈只好全喂奶粉，另加婴儿米粉。3 个月后孩子爸妈都上班了，由于工作单位距浩儿祖父母家近，故平时住在那里，周末才能回来看他们的儿子。我的老伴退休后一直应聘在外工作，早出晚归，因此平时只有我们祖孙两人，这之后我的生活既紧张又劳累，但心情是愉快的，每天 24 小时除了照顾浩儿的吃、喝、拉、撒、洗、睡之外，我自己连做顿饭的时间都没有，大约一年半的时间里除去周末浩儿爸妈回来全家吃几顿正经饭之外，这段时间我每日都是和衣而眠，每天以面包、香肠、酸牛奶、速冻饺子、方便面充饥。浩儿刚开始还算乖，吃饱了就睡，睡梦中还会露出满意的笑容，醒后三件事不外乎饿了、拉了、尿了。

外孙大约 2～3 个月大时就不老实了。此时正值仲夏，他身上除去手绢做的"护肚"和纸尿裤外，下身只露两条小胖腿，只要是醒着就不停地踢，可能是对每天被困在小铁床里表示反抗。

他的小铁床两侧栏杆间距较大，我怕他的小脚丫伸出去卡住，也怕他脚丫蹬在铁棍上疼痛，就用两大块3厘米厚的聚苯烯塑料泡沫板挡在床两侧，没几天这小家伙竟把两块板各蹬穿了一个大窟窿。每天床两边地上都会有白色米粒样的泡沫塑料颗粒，洞越来越大，有时脚蹬出去，收不回来就哭，只要听见他哭了，准是脚丫儿蹬出洞外卡住了，无奈除睡觉外，其余时间只好把他放在双人床上，扔给他一些颜色鲜艳无棱角的塑料玩具和空可乐瓶，他会高兴得手脚不停地蹬、抓，偶尔两只脚夹住可乐瓶，宛如个小杂技演员。

手脚不停地蹬、抓

三、6个月会站

由于活动无障碍，浩儿的手脚并用蹬、抓东西，很快学会了翻身，5个多月时他竟能自己扶着床头站起来，没多久则不扶床头就站得很稳，双手可以自由地摆弄玩具，继而能自由地扶着床头走动，从这时起他便成了"小破坏分子"。

我非常喜欢的一个红色圆形塑料壳闹钟一直放在床头柜上，这便成了他施展威力的第一个牺牲品，闹钟被摔在地上，由于地面铺着地毯，闹钟未被摔碎，但基本罢工了，三针变成两针，秒针躺在表盘下面抗议对它的不公，闹钟不再能定时响铃，但仍可走动，由于它漂亮讨人喜爱至今我仍放在床头使用。

接着遭殃是会跳摇摆舞的长毛绒制小熊猫；会叫妈妈的小羊羔；会鸣叫的塑料小鸟，都成了只能看不叫不跳的小摆件。一组彩色塑料小保龄球有一半也碎成垃圾扔掉了，另一半现在仍是他爱玩的玩具。也许他是嫌床太小、太软爬起来不过瘾，我搞不清是他故意往下爬还是手抓空了不慎掉下去的，总之有两次在我转身拿东西的时候，他就变戏法儿似地从床上爬到地上，好在床很低，卧室铺着地毯没摔着，从此只要他在床上玩我一刻也不敢离开。就这样 24 小时把我拴在他身边，辛苦和快乐分不清了。

四、壁虎一样地爬行

在浩儿 8 个多月时，我们搬入居住面积较大的新房，考虑给孩子一个相对宽敞的活动空间，有利他健康成长。

将一间 10 平方米有一面墙是拉门柜的小卧室布置成供我们祖孙俩玩耍的小屋：铺了地毯，东墙一部电视及小低柜，西墙一张方形地桌两个矮式软坐椅，除玩具外别无他物。

搬入新居，四壁空空，宽敞明亮，又是实木地板，浩儿爬的本领更大了，速度之快简直就是一只小壁虎，小家伙可以任意活动。

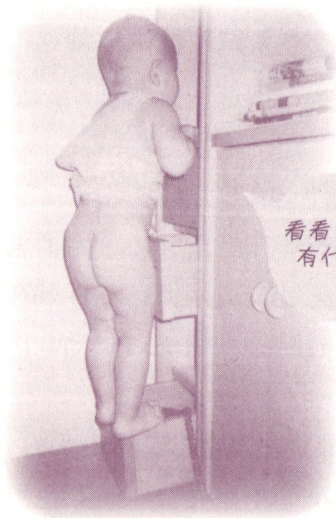

看看里面有什么

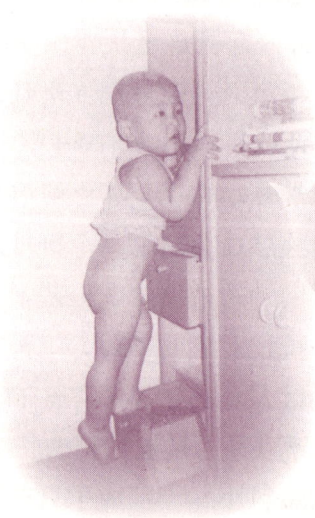

哎呀！下不去了

相比之下我感觉有的人家搬入新居，购置大量新家具占据了空间，但是忘记了给孩子在家里留有足够的活动空间，忽视了幼儿的天性。他们需要无拘无束的活动，任其体能和智能的提升与发挥。不久他爸爸同事送了一辆学步车，浩儿根本不感兴趣，每天都在地上爬来爬去、各房间转，爬累了、困了，就让我抱，这时我就给他放一段音乐，这是他在妈妈肚里时候，我精心录制的一盘放给他听的轻音乐，都是节奏轻快、舒展的圆舞曲和广东音乐，当时他妈妈每天早晚听半小时。我也想试验一下胎教的真实效果。奇怪的是他生下来以后半岁之前睡前情绪躁动不安时放这盘音乐，他好像在静静地欣赏一样会很快入睡。但是当他情绪太亢奋躁动时这个办法就失灵了，这个时候他把头趴在我肩上蹶着小屁股，我就得一只手抱着他，一只手拍着他的小屁股不停地在房间里来回走动，并且小声不停地叨念只有我们祖孙俩才能懂的"童谣"：

> 拿路*枪，拿路炮，
> 拿路拿路睡大觉，
> 睡大觉好宝宝，
> 大宝宝睡觉觉。

　　虽然足不出户但我们常常会在各房间转上1～2公里，小家伙才会熟睡放在床上。时至今日他已是小学生了，有时晚上和我在一起睡时，我拍着他的屁股念这段童谣他仍能和小的时候一样很快入睡。

　　我的女儿、女婿把抚育孩子的责任全权交给了我，此后几年来他们从未干涉责难我教育浩儿的方法，这使我感到极大欣慰。

　　我也看到有些年轻父母明里把孩子交给祖父母、外祖父母照看，

---

*拿路（NALU）实为浩儿的小名、昵称。因他父母曾在日本生活，据说是皇太子的小名，感觉很上口，故也使用了。

但实际干预太多，因此常发生婆媳、母子摩擦。我的一位老朋友，长我一岁，也是科研干部退休，好不容易盼来独子生了第三代，她做了各方面充足准备带这个孩子，谁料她拥有硕士学位的儿子、儿媳生怕这个奶奶带不好孙女，未与老人商议竟找来一个年轻保姆全权负责这个婴儿的伙食与生活。一位高知老太太则本末倒置地成为每天负责买菜、做饭、洗衣、收拾屋子等的老阿姨。

这位老朋友时常在电话中向我诉说内心的苦痛：自己一生养育了三个获有硕士、博士学位的子女，而现在儿子竟然怀疑自己带不好他的"宝贝"，他忘了雇来的保姆一般只管"照看"孩子的吃、喝，不摔、不碰，但是不管"教育"孩子。

类似这样的情况我想不止他们一家，有些孩子的祖父母和外祖父母两家关系由和睦到闹矛盾，婆媳之间的摩擦日益增多也大多是因为年轻父母做事片面，欠思考，没有充分考虑老人们对孩子的感情与他们的个人感受。

五、11个月会走路

浩儿和我每天大部分时间关在小房间内玩耍，他玩桌上地下那些小熊、小鸭子塑料积木等玩具，我坐在软椅上看着他，偶尔也打开电视看看，那时他还不会用电视遥控器，有时东西两边爬来爬去，淘气地爬到电视机前按电钮给我开关电视。在他11个月时，一个周一上午他正站在方桌前玩塑料小鸭子，我想看电视，就和他说你去给姥姥把电视打开，他刚想转身往地下爬，我说："你别爬了，姥姥扶着你慢慢走过去。"他于是走了两步，又趴下了，我扶他起来鼓励他再走过去并松开手，于是他继续向前走了两步、三步……走到电视前给我打开电视，我高兴地说："好宝宝，真乖！真勇敢！再慢慢走回来，别怕！姥姥接着你。"我伸出双手等待他，他迟疑了一下，竟然蹒跚着走回桌前，我乘胜追击，继续鼓励他走过去，再走回来，就这样他顺利地一次比一次步子稳稳地在电视和方桌之间来回走了好几次。这个上午他从爬行很快过渡到独立行走。周末晚上他父母进门时惊讶地发现他们的儿子走过去拍手欢迎爸爸妈妈，别提多高兴了。这个跨越确实让人吃惊，我也省去了弯腰驼背扶他学走路累得腰酸背疼的艰辛。看到周围邻居的孩子学走路的过程，确实辛苦了全家人，年老的祖父母或外祖父母弯着腰，吃力地用两只手架着幼儿的腋窝，要么用一块布条缠在孩子胸前，揪孩子走，这种情况要延续几天孩子才敢正常迈步。浩儿一个上午就敢从爬到立，看来这与搬新居后有偌大的空间让他无拘无束的摸、爬任意活动，锻炼了腿力，锻炼了胆识有关。

六、会走后的烦恼——家无宁日

浩儿会走路后，除去睡觉之外根本不上床、不进车了。婴儿车、学步车成了他的玩具，连推带拖各房间串，过去的玩具根本不屑一

姥姥在门上粘上了纸尿裤，真难看！

顾，我把婴儿车和学步车捆在一起，但他仍然拖着玩，好像更高兴了。可能浩儿从爬行到站起来所看到周围物体外观不一样了，感到高兴与好奇，于是家内所有他能开启的拉门、抽屉整天不停地打开、关上，尤其壁柜推拉门，他像拉风箱一样推过去、拉过来。

不仅如此，还有意用力让拉门强烈碰撞，发出"咣、铛"的响声。我怕他夹着手，可是一面墙的推拉门木拉手是凹进去的，又没办法捆住，我煞费苦心地才想出一个对付办法——在他够不着的门框上部两边粘上他的纸尿裤，纸尿裤既厚又柔软既防夹手又防震；冰箱门用胶带封住；台灯白天不用放到高处；各抽屉连同鞋柜拉手凡能卸下来的都卸下来，卸不下来的用布条互相捆住；餐椅和餐桌腿捆在一起（一把硬木餐椅曾被他摔在地上开裂不得不去维修），连同放在厨房里的电热水器也被迫移到厨房外阳台一角。

抽屉和墙上所有插头都用胶带封住，刚装修的新家许多电器插头都在距地面三十几厘米高的墙上，又没有家具遮挡，一个个电器小孔非常明显，万一孩子用发夹、别针插进去探秘，后果将不堪设想。我每天要不断打开冰箱门拿东西，这段时间我只能不厌其烦地开、关，揭、贴胶带，三卷宽面胶带很快就用完了，可是又有什么办法？

面对刚来到世界上仅十几个月不懂事的孩子，他连训斥的语言也听不懂，对这个使我哭笑不得的宝贝外孙我真舍不得打他的小屁股。

他的这些举动也许脾气不好的年轻父母就下手打了，然而他们完全忘记了，他们自己在这个年龄也会如此"淘气"吧？浩儿从小基本没哭过，所以他至今说话的童音小嗓子清、脆、甜。浩儿每天随心所欲地探索他来到这个世界上看到的好奇事物，随着一天天长大，好奇心和破坏能力也随之大增。

这段时间我很累，但也很开心，除了照顾他吃、睡，我每天几乎全部时间都是在打扫卫生、整理房间，每日都感到疲惫不堪，毕

姥姥说我天天演天女散花

竟是年近70岁的人了。我们曾经带他去咨询专家,是否患有多动症?可专家说:"这孩子身心很健康,没有多动症。"之后,我想这孩子就是精力旺盛,好奇心太强。对他来说并不知道这样做是对还是错,对这样年幼的孩子你大声喊:别动那东西!他会照动不误,对他喊声再大也等于对牛弹琴。比如,我刚把堆在地上的一些玩具、积木等装进纸箱里,转眼间他就像天女散花一样把纸箱端起底朝上、口朝下把玩具全倒出来,叫你哭笑不得。

浩儿虽然很淘气,但我逐渐感觉到他很聪明,小脑瓜反应很快。记得有一次他有点消化不良,我拿出一盒同仁堂"小儿至宝丸"准备给他吃。他从几个月时偶尔消化不良我都是给他服"妈咪爱"一种甜甜的粉末,一岁以后改服"小儿至宝丸",是一种小蜡丸,稍有些苦(这孩子从小很少生病,至今只到医院看过两次病,一次是春天他爸爸给他洗澡,在澡盆里玩水时间很长,卧室又没开空调因

11

而着凉发烧；另一次是在幼儿园时午餐饮食不当呕吐肚子痛）。一般稍有些着凉、消化不良我都是给他服点中成药丸，这孩子自幼不娇气，对酸甜苦辣都无所谓，很酸的大山楂丸、苦的中药丸他都不用大人灌而是剥皮后自己嚼着吃，连幼儿园的老师都感到惊讶！

我的玩耍空间——
复兴门上的彩虹

孩子对辣的东西也来者不拒，从六七个月时我就试着给他吃波力海苔以补充碘，后来他竟对辣味"波力海苔"更情有独钟。他对糖醋蒜也很有兴趣，但是至今对绝大多数小孩子喜欢的甜味，尤其是糖果却不"感冒"。

浩儿自出生后我就非常注意他的牙齿发育，从不给他喝糖水和人造果汁，牛奶里除加营养米粉外不再加糖，每天晚上临睡前喝光奶以后另用一个奶瓶喝两口白开水，起到漱口的作用，这样孩子口腔中造成龋齿的因素大大减少。

4～5个月时每天给他啃1～2片自烤的面包或馒头片让他的牙齿得以发育坚固，此外带他去超市时从来不到糖果柜台，所以至今他对糖果感情很淡漠。我家平时或节日亲朋送些糖果，不管在家中摆放多久，他也毫无兴趣极少去吃。他上小学一年级开始，每周有一节外教英语课，由于他认真、准确回答问题，那些外国男老师有时奖励他几颗糖果，下课后班里有的同学找他要，他会爽快地给对方，有的同学不好意思反赠他橡皮或铅笔，晚上回家他和我说，我让他第二天还给同学，不许无故接受同学的东西，他总是照办。

有一天下午他有些消化不好，我们祖孙俩坐在餐桌旁，我剥开一粒"至宝丸"蜡皮，告诉他别动，姥姥给你拿水去，起身准备去灶台旁给他取奶瓶灌水，刚一转身听他说"不要瓶。"我心想不要瓶怎么喝水呀！随之回身一看他已经把放在餐桌上靠墙处的玻璃杯拉到胸前了，我家餐桌比较宽大，当时是长向靠墙放，如果他不是爬上桌子是不易拿到杯子的，可是这个小家伙不是直接去拿玻璃杯，而是拉着杯子下面的橡木圆垫把杯子拉到他跟前的，我非常惊讶：这个刚一岁多的孩子竟然小脑袋瓜这么好使！当时我满足了孩子的要求，用玻璃杯给他倒温开水，他高兴地把小药丸放在嘴里，嚼着喝了水又去玩了。

由此我想到做父母和长辈的在哺育孩子的过程中如果能细心地多观察孩子，善于发现他们的智能潜力，引导他发挥，少斥责打骂孩子，使他们幼小心灵免受挫伤，这对孩子的性格和智能发展是多么重要。

我联想到不久前看到的一位母亲斥责孩子的不当行为，至今孩子委曲哭泣的面容仍挥之不去：

某个周末上午，我带小外孙去附近肯德基店，坐在我们旁边角落处的是一对母女。小女孩看样子刚上小学，妈妈有30多岁，桌上摆着刚买的儿童套餐，小女孩的胸前桌上却摆着书、本和铅笔盒。

抽屉和柜门都捆起来了，只能用金箍棒玩玩灯的开关了

　　妈妈不停地训斥，小女孩泪流满面抽泣着低头写作业，听她妈妈的口气是不好好写完全部作业不许吃桌上的东西，而且嘴里不停地在训斥唠叨，连我的小外孙也觉得奇怪，不断地扭头看这一幕。

　　我实在看不下去了，善意地对这位妈妈说："你这样做不太合适，买的东西都凉了，还不赶快让孩子吃，再说在这种环境下，让孩子写作业，孩子能专心吗？这么小的孩子别这么伤她的心，即使逼她做完作业，孩子刚哭完，吃了这些油炸的凉东西，胃里也不好受，请你别这样对待孩子好吗！"这位妈妈听了我的劝告，笑着点点头，然后示意小女孩可以吃了再写。

　　这段时间我把各个房间的抽屉、冰箱和壁柜拉门都粘上了胶带，却忽略了卫生间。开始没有防备他会窜到卫生间去玩抽水马桶和洗手池冷热水开关，他从洗手盆正面很难够到水龙头开关把手，但他很聪明站到侧面去开。我发现后用一个不透明塑料袋把淋浴器和洗手池所有龙头都包起来，平时把卫生间门关上。可能是看到大人们按电灯开关动作启发了他，没多久他也效仿，卫生间灯的开关都在门外墙上且都是板式开关，当时他个子矮够不着，这小家伙真聪明，把我给他在超市买的塑料制"金箍棒"派上了用场，用"金箍棒"按开关会发出乒乓声，他感到很好玩，只要一会儿看不见他就会窜到各房间把灯打开。更糟糕的是只要看到有人进卫生间他会很得意地跑过去给你把灯关上，使整个卫生间一片漆黑，无奈我只好到各商场、超市寻觅，终于买到一个可以插在卫生间内电插孔的玩具型小壁灯以备救急。

　　有天晚上我睡觉时发现主卧卫生间的灯全亮着，这小家伙什么时候开的都不知道，也许亮了一天了，第二天我生气地把他的"金箍棒"没收了。可这么做并没能有效制止他玩开关的兴趣：不久前为了让家人在客厅里有个坐的地方，买了一个能坐、卧的简易沙发，沙发上有4个长方形聚氨酯泡沫塑料垫可以靠、扶。小家伙竟然想到把和他体形高矮差不多的但重量较轻的靠垫，一个个抱到客厅卫生间门口摞起来，爬上去照样玩开关。

　　我怕他摔着，只好把靠垫每两个捆在一起，然后用绳子再把它们捆到沙发腿上。平时坐时只好不靠，必要时再解开绳子使用。这之后几天他发现我吸地使用的吸尘器长刷好玩，在我吸地时他也跟着参加"劳动"，我就让他尽量玩。因有电时吸力大，他推不动，我就关上电源，他像推锄犁地一样满房间推着跑，玩得开心大笑。

　　看着孩子的高兴劲儿，我想：现在一般都是独生子女，许多人家居住在高楼大厦里，周围邻居间老死不相往来，孩子缺少同龄小孩玩耍，一两岁不懂事的孩子好奇心旺盛，渴望认识事物、认识世界，长时间禁锢在家里犹如把孩子关在铁笼里。基于有这个想法，我对小外孙许多"恶作剧"都看做是天真无邪的才智发挥，所以从不制止责骂，他则以为外婆在鼓励他，因此每天都无拘无束地发泄精力和智慧，每天都玩样百出，每天都让我哭笑不得，每天我们祖孙俩都很开心。

但是，有一天他却犯了"天规"：我家厨房是开放式，天然气灶为卧式，几个按钮均在灶台边，仅80厘米高的灶台他玩起按钮已是举手之劳，我发现他在玩按钮，如果不采取强硬措施，及时阻止他这种危险游戏，后果将不堪设想。这次我又生气又后怕地狠狠打了他的小屁股，打后还把他放到卫生间的大洗衣机桶里，他站在里边只能露出一个小脑袋，绝对爬不出来，之后我把卫生间门关上，卫生间内一片漆黑，他吓得大哭，我站在门外大声斥责他：以后不许再玩灶台按钮！他在桶内大声哭着喊："姥姥，姥姥！不玩了。"

几分钟后我打开门把他从桶里抱出来，再一次让他重复说：不再玩了，他一边哭一边说："不玩了。"他从未看见过我生气的样子，也从未挨过打。我这一次动怒还真有效，几年过去，至今不经允许他从不靠近灶台，连橱柜、柜门、抽屉里的厨具也不再玩了。

由此我感觉到对于幼儿纵容与管教要严格区分，就像刘欢唱的那句歌词"该出手时就出手。"可是不该出手时千万不要轻易打孩子，否则会把孩子打"皮"了。

家里没安静几天，浩儿的小脑袋瓜又想出了新的自娱自乐方式——乱藏东西，这一招也让我和家人头疼不已。

一天晚上，我洗澡时发现放在澡盆边上用来擦头发的毛巾不见了，小家伙已睡下，即使他不睡也问不出什么名堂。次日也没找到，直至那个周日，他妈妈打扫卫生时发现烤箱里有个绿色东西，打开

烤箱一看，原来是我那条擦头毛巾。

还有一次，我洗衣服时发现洗衣机里有噜噜声，我想：今天只洗的床单等，不会有金属纽扣，为什么噜噜响？可能是洗衣机坏了？于是脑海中就想买洗衣机时的发票放在什么地方？怎样和维修部联系请他们来修？

洗衣机停运后我急切地把衣服拿出来，随后仔细检查桶底内壁，没发现什么东西。然而在晾晒衣服时发现我在家穿的一件上衣口袋里有两节 5# 电池，忽然想起他妈妈头天晚上曾买回两节电池，顺手放在桌上，准备更换电视遥控器电池。我的衣服脱下以后搭放在椅背儿上，估计是早上我到卫生间洗脸时他把电池放在我口袋里的，再一看桌子上的电池果然不见了。

那段时间家里人进门第一件事儿就得找拖鞋，因为他常玩鞋柜，有两次把鞋柜拉翻时，险些砸到他，无奈我只好把鞋柜拉门钮卸下来，因此鞋柜就成了摆设。全家人的拖鞋常放在鞋柜旁边，这下，他有事干了，藏鞋成了他的一项游戏，有时即使不藏，也会在鞋里放个小塑料夹、小药瓶、一双袜子或他的玩具，大人穿鞋时才会发现里面有东西。

还有一次，我准备洗衣服，在放洗衣粉时发现洗衣机里有我一双拖鞋，不用说准是小家伙扔进去的，一问果然承认是他放的，并郑重其事地告诉我：姥姥鞋脏了，洗洗。

我为了每天在家里少走点儿路，把塑料垃圾筐放在靠墙的一只餐桌腿旁边，有一天我突然醒悟了：垃圾筐得赶快搬家！那天我换塑料袋时发现我的一双手套和牙签桶被他扔在里面了，由此想到不知有多少东西因没发现被他"处理"掉了！当时我就把垃圾筐移到厨房外阳台一角，并且警告他不许到阳台去！

这段时间浩儿不但藏东西，连他自己也藏，有一天我一转眼工夫没看见他，就到各房间喊:浩儿，浩儿。可是只听见回答看不见人：

姥姥在这儿，我寻声到北屋拉开壁柜门也没看见人，我把壁柜内挂的衣服撩起来，才看见他得意地哈哈大笑。我害怕他以后若再藏到这里，把拉门关严，万一我短时间内发现不了会发生意外，于是这次我生气地把他从壁柜里拉出来，大声对他说：以后不许再和姥姥捉迷藏，藏到这里来，不然像上次你玩儿厨房灶台钮一样，狠狠打你屁股，关到卫生间里，记住了吗？浩儿老老实实地回答：我不藏了。

浩儿第二次挨打是他玩水。一天晚上我正在厨房做饭，他跑过来说："姥姥，水掉地上了。"我跟着他跑到小房间一看：原来是把我放在窗台上用可乐瓶养殖的一束薄荷端到桌上玩，瓶子和薄荷倒在桌上，水全部撒了。我用四块干毛巾也没把水擦净，桌上几张VCD光碟和电视遥控器全湿了，我以最快的速度拆开遥控器，把电池取出来把内外擦干。当时我正在做饭，中间急于跑过来收拾这种水淹三军的乱摊子，一股无名火上来打了他几下小屁股，告诉他可以玩水，但是玩水前得和姥姥说，得到姥姥允许才能玩，这些话直到现在他还记着。

现在他已是四年级的小学生了，可仍是个小孩子，还是喜欢玩水、玩沙子。浴盆旁边总摆着许多塑料玩具、小瓶、小桶，经常是一边洗澡一边玩水，家里放了一小盆儿细沙，高兴了玩一会儿。有时候放学回家以后跟我说："姥姥，我想玩一会儿水行吗？"我说："可以。"并且帮他找些瓶瓶罐罐并嘱咐他去卫生间洗手池玩，把龙头扳到热水管，不要玩冷水。他玩儿以后总会把洗手池周围收拾得干干净净。

小孩子的好奇心和模仿力真是不可思议，在他一岁半时有一天午睡以后，因为天热我又给他洗了个澡，擦了爽身粉他在客厅地上玩，我到外公房间小书架上取了本织毛衣的参考书，回到客厅翻开，准备给他织件小毛衣。不一会儿听到他在那个房间大喊："姥姥，姥姥。"我脑子里想，那个房间没什么东西，他不会闯祸呀！

跑过去一看，使我笑着又赶快跑回客厅，从高架上取下相机，抓拍下几个镜头并赶快把他抱下来。可能是我刚才从书架上找书时被他看见了，他也跑过去想看看书架上有什么？这个小家伙竟把书柜上的四个抽屉一个个拉开当梯子爬上去，结果下不来了，只好喊姥姥求助！

还有一件事儿是：有天下午我准备煮绿豆稀饭，不慎把绿豆掉在地上一些，当时他也帮我拾了不少。这以后他一看见地上有个类似绿豆的小石子儿，也必拾不误，我趁势引导他把被人丢弃在地上的冰棍纸、棒、烟头拾起来，找垃圾箱扔进去。去超市看到有人不小心把货品碰掉在地上拾起来放回原处，因而常得到叔叔、阿姨的称赞，至今超市认识他的叔叔、阿姨看见他还高兴地和他说话，逗他。

浩儿两岁生日时，我们给他买了一辆后面拖有两个小轮子的自行车，但是只教了他蹬半轮，他两条小腿儿很有劲儿，总是美滋滋骑着车各房间游逛。我有时坐在旁边看着他高兴地骑着车心里想：

我的小豆豆掉到缝里了

当时如果教他学会骑全轮儿的话，家里各房间门框恐怕得维修好几次了。

有一天趁浩儿午睡，我想给他织顶毛线帽，刚织了没两寸长，他醒了以后突然跑到客厅（浩儿自小睡醒以后从来不哭，而是下床各处找我）。他看见我身旁的漂亮毛线团儿，像只小猫一样，拿起线团儿拉出好远，各屋转接着又跑回来，把我的两条腿缠起来，又拿着线团儿在我周围转，把我和椅子捆在了一起，然后跑到一边儿哈哈大笑。我为了解脱自己，整理毛线整整用了两个小时，那天我又气又笑的眼泪全出来了，对这个活泼好动的小活宝贝我毫无办法。

浩儿精力十足，每天光着小脚丫儿各房间乱窜，房间里空荡无物，没什么家具饰物，卧室里仅有床垫、被褥和装衣服的空调纸箱、

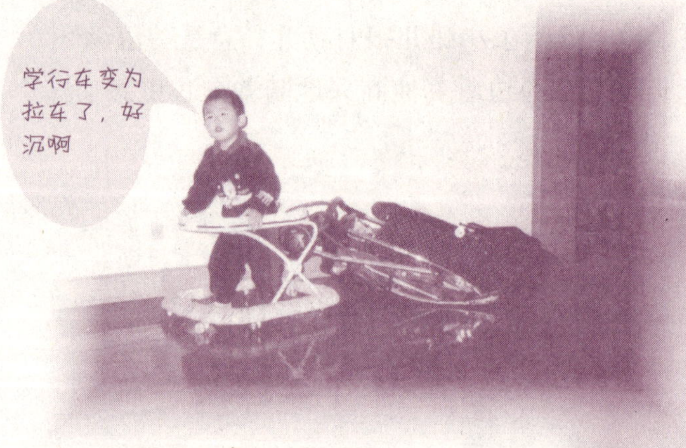

学行车变为拉车了，好沉啊

姥姥教会我只能蹬半轮，骑起来真不过瘾啊

塑料小柜子。仅有这几个简单纸箱，他每天也像个搬运工，把箱、柜推来推去，把里面的衣服装进、取出，房间里弄得没有下脚的地方，每天单只收拾这些东西我就疲惫不堪，不收拾，晚上甚至连睡觉的地方也没有。

　　转眼700多天的辛劳换回的"成果"，那就是我的苍老和浩儿健康结实的体质与开朗活泼的性格。浩儿出生之前我面色红润、无斑无皱，头无白发。有人见了我问："今年50几岁了？"浩儿两岁时有人问我："你有70了吧？"。足见带一个幼儿的艰辛，我两个孩子幼时都没经我亲手带，没有尝过这种苦，而带浩儿的过程让我充分体会了这种辛劳的滋味。

这纸箱可真沉啊

盒子里装的啥？

只有这个储物箱我没有动过了，今天试试，看我能不能搬动

现在很多年轻夫妇早出晚归忙于在职场上拼搏，回家后精力和体力处于疲惫状态。一进门看到自己的孩子就像吃了一粒兴奋剂，我衷心地希望这些年轻夫妇们能够体会老人或阿姨的辛苦，尤其是祖父母、外祖父母负责照看的孩子们，多多爱护他们，体贴关怀他们，少几份指责，多几分关爱与鼓励。

世上有哪一位祖父母、外祖父母不疼爱自己的儿孙？只不过有时疼爱的方式欠缺而已。我相信像我家浩儿这样非"多动症"多动的孩子，多数一两岁不懂事的幼儿都会这么淘气。

七、逛遍北京大商场——认识社会

浩儿把家里搞得天翻地覆，无奈逼得我想出一个办法：带他走出家门，逛北京，认识社会，满足他的好奇心。

小家伙已有足够体力上、下四层楼，走一段路不让抱。于是我们祖孙俩每天带一瓶牛奶、一包饼干、一条大毛巾从小区门前乘公交始发车到京城四处逛商场。累了找个地方休息，给他盖上大毛巾抱着他睡一会儿；饿了找个地方吃饭，从此他就成了"麦当劳"、"肯德基"的常客。说来可笑，浩儿最初认识人类的文字竟是"m"和"KFC"。

这段时间我们一老一小逛遍了京城各大商场：赛特、华堂、友谊、燕莎、长安、百盛、当代、双安、宜家家居、西单图书大厦。从此宜家家居和西单图书大厦成了他最爱去的地方，至今，每年在浩儿寒、暑假或周末，我们祖孙都会光顾几次这两个地方。他爱去"宜家"是因为这个家居超市人性化的布置，一个个温馨家庭模式的小格局里，其中床、沙发、桌、椅、柜、电脑、家饰用品等可以自由抚摸、研究，这正好满足浩儿好奇心和好动心理，饿了对那里餐厅的食品也很感兴趣。西单图书大厦可以选购他喜爱的玩具、图书和音像制品。

第一次带他去图书大厦延续至今的效应使我意识到：不能忽略对孩子潜移默化的教育，幼儿的认知能力远远超过成人的想象。

那次去图书大厦乘滚梯上楼时，我有意识地引导他看我们脚下和周围书架上琳琅满目的图书，这给他小脑瓜里留下了抹不掉的深刻印象，加之后来的不断光顾，所以直到现在浩儿对书一直有好感，看书成了他平时最喜爱的事情，甚至从3岁起在他床头柜上也像成年人一样往往放着一摞书，养成临睡前看书的习惯，虽然不知道他是否看进去，记得住？但总归是"开卷有益"吧！

我是图书大厦的常客

23

第一次去时，我给他买了全套的"海尔兄弟"和"谁对谁不对"VCD光盘。"海尔兄弟"是一部由海尔集团出资编制的引导儿童认知自然和人类与自然斗争的片子，这套光盘虽然价格不菲，但我觉得对浩儿这样好奇心强的孩子花些智力投资是必要的，这是一部对他认知社会、认知人类、自然界万物、宇宙的启蒙教材。这两套光盘对浩儿很有吸引力，回家后每天都嚷着要看"克鲁德"——片中一个聪明、幽默、可爱的小男孩儿。

这两部光盘帮了我的大忙，减轻了我许多体力劳动：浩儿能聚精会神很长一段时间，安静地看"海尔兄弟"，听小朋友唱"谁对谁不对"儿歌。自从看了"海尔兄弟"，浩儿对打雷、下雨、刮风及大海、太阳、月亮、恐龙等动物和自然现象开始感兴趣。

在他要求下，第二年夏天我们带他去北戴河看了大海，这次看大海可能给了他刻骨铭心地记忆，直到上小学三年级一次作文里他还叙述了那次去北戴河的事情。

这段时间我们外出时在公交车上都坐在靠窗口的位置，始发站各路车的售票员阿姨都认识了我们这一老一小，并给予热情照顾。浩儿每次沿路都看到人和车的海洋，尤其对除小轿车以外的车型感兴趣，因为在社区环境里只有轿车。看到窗外没见过的车型，他往往站起来扒着窗户眼光追着车尾还在看，我则充当讲解员——

这叫"冷藏车"，是往商店里送咱们吃的冰棍、冻饺子的，所以没有窗户，要不然车里的冰和冰棍儿就都化了。

这个白色转着的大圆桶是送混凝土的车，咱们的楼房就是混凝土盖成的。大老吊把大方箱子里的混凝土倒进模子里，它硬了就是墙。桶要是不转，时间长了混凝土硬了，就拿不出来了。（那次回来第二天，我给他在超市买了橡皮泥给他玩，告诉他这和混凝土一样，混凝土是用水泥和沙子合的，和橡皮泥一样，第二天就干了、硬了。）

前面红灯转着、响着的车是"警车"，里面是警察叔叔和抓的坏

人。并且指着沿途不断看到的路口红、绿、黄灯，告诉他红灯亮的时候车不能走，绿灯亮了才能走，黄灯是做准备。沿途看到众多夏利出租车对他印象深刻，我就势让他记住这些车的颜色是"红色"，和"红灯"颜色一样。

为了让他对方向有初步的辨别能力，在行车和车辆拐弯时告诉他记住前、后、左、右方向，告诉他你吃饭用勺的手就是"右手"，另一只手是"左手"，并且让他用手表示一下。

这之后一次我们全家外出，遇到红绿灯和拐弯地方，我们有意考他，他都能正确指挥他爸爸的行车方向，小家伙的记忆力惊人之强。

总之，这段时间的京城游逛对浩儿影响很大，使他认识到除"家"以外，外面有那么多人，那么多车，商场里有那么多书，那么多好看好玩儿的东西。

此外，这段时间的京城游逛也增强了他的体力。王府井大街改造后我未曾再去，有一天我和他妈妈准备带他逛王府井，因为考虑要走较多路，怕他让抱，因而带了一辆折叠式手推小车，谁知我们在王府井南口一下公交车，他就表示不坐车，一定要自己推车走。于是他兴奋地推着小车一直往前走，上下人行道时，他竟知道把车把压一下，把小车前轮翘起来上台阶，小家伙聪明的举动逗得我和他妈妈大笑，这种办法可能是在家里摆弄那几辆小车时琢磨出来的。浩儿一直往前走，没兴趣进商店，我们只好跟着他。说来让人不可思议，他竟推着小车一直走到王府井大街北口大教堂附近才算"累了"，我们只好在教堂前边绿地旁找个长椅坐下，拿出带的牛奶和食品给他吃，吃饱喝足以后小家伙累得睡着了。谁知这一睡一直到日落才醒，我们也无心逛王府井了，只好推着他原路返回南口乘车回家，这也算逛了一趟王府井大街吧！

八、启蒙教科书——社区汽车车牌

这段时间的外出确实收获极大，锻炼了浩儿的视力、听力和观察力，满足了他的好奇心，开拓了孩子的视野，锻炼了他的认知能力和记忆力。浩儿体格健壮、精力充沛、好奇心强才在家里乱折腾。

经过这段时间的外出"探秘"社会，我明显地感到他像是懂事了，听懂大人话了。第一感觉是他不再给我找麻烦乱藏东西了，而且不可想象的是小脑袋瓜儿有了条理性！有一天我发现他到处找鞋，把全家人包括他自己的拖鞋、布鞋、皮鞋等一双双整齐规矩地摆在进门后鞋柜前面，因为鞋柜抽屉拉钮早已被我卸下来，他无法拉开抽屉把鞋放进去。我就势表扬了他，夸他是个乖孩子，能帮助姥姥干活儿了，他听了很得意。

那两天我还发现他常站在厨房门边向墙上挂的年历下面久视，我想挂历上印的是欧美油画和一些年、月、日数字，他又看不懂，因此就没细想。为了恢复体力，这段时间我们停止了外出，浩儿每天吵着要看"海尔兄弟"，看"克鲁德"。我考虑下楼散步晒晒太阳是必要的，有天下楼以后他突然指着一辆停在社区人行道边的轿车牌念出"2118"，浩儿不经意读出的这几个数字，使我非常惊讶，我的脑子豁然开朗：原来这几天浩儿站在挂历下面是琢磨那些数字呀！于是我指着这辆车车牌上的1、2、8数字再次让他读，他都读对了，看来这几个数字他是真掌握了，可是我没教他认字呀！

当天晚上我睡前苦想，突然想出了答案：前段时间我们外出在社区门口乘的公交车不外乎是811、702、822、836、340，而且嘱咐他注意开过来的车，是不是咱们要上的车，回家时也基本乘这几路车回来，由此浩儿记住了这几个数字。这个意想不到的收获使我喜出望外，浩儿的求知欲、观察力和记忆力竟是这么强！我要趁机好好教他认字。

第二天早饭后，我们祖孙下楼直奔社区内超市，买了一盒彩色粉笔，在回家路上看见人行道边停着一辆车，我给了他一支红色粉笔，让他学写车牌上的数字。当时社区人行道是用九格砖铺砌的，我教他每一小格写一个字，这样一块砖足可以抄写一个车牌号。写过一辆车，再找一辆车，换一种颜色粉笔抄这辆车车牌号。

这种又学又玩的方式，小家伙极感兴趣，第二天早饭后吵着下楼写字。每次下楼我都特意让他带几支各色粉笔，装在一个小塑料袋里，告诉他：如果有小朋友找你要，你就给他们，和小朋友一起学写字、一块儿玩。下楼以后他看见汽车就蹲下去，我一边教他读，怎样下笔写，他也跟着读写。一个车牌抄完，用脚涂擦干净，再找车牌写。

那段时间周围人们总会看到我们一老一小蹲在人行道上涂鸦，偶尔会有和浩儿同龄大的小朋友也要"写字"，浩儿都会大方地给对方一支粉笔。

有一次，遇到一个不讲理的小姐姐，她直到把浩儿装在塑料袋里剩下的6支粉笔全折腾碎了才站起来走，她的奶奶不停地向我们道歉，浩儿始终站在旁边傻看，他从来还没见过这种小朋友，可能感到奇怪。小姐姐和她奶奶走远了以后，我告诉浩儿：这个小姐姐做得不对，她不应该把你的东西弄坏，这样做是没礼貌、不友好，你以后和小朋友在一起玩，不要这样，要爱护人家的东西，和小朋友友好地玩。

浩儿的观察力和记忆力很强，一周后他竟能从一辆车的前后、两侧车型、车标和车轮形状说出这辆车的名字：丰田、本田、凌志、宝马、别克、桑塔纳等等，这是浩儿蹲着抄写车牌时社区内流动巡逻的保安叔叔教他的，这些叔叔对这个特殊小朋友都非常喜欢。

很快浩儿已经能把 1 ~ 10 这些数字写得比较规矩了。我又教他把数字前的英文字母 ABC 等加进去，边读边写，回家以后教他小写字母，大、小字母对号入座。浩儿是"麦当劳"、"肯德基"的常客，为了加深他的理解，我把英文字母大、小写的意思又强调一下，告诉他麦当劳的"m"是小写，"m"的大写是"M"；"肯德基"门口的 KFC 是三个大写字母，它们的小写是 k、f、c，看到他不停地点头，我知道他听懂了。

这段时间在家里我教他怎样拿铅笔，让他用铅笔在纸上写出 1 ~ 10，为了增加他用笔写字的兴趣，给他买了小学生 12 色水彩笔。这之后一些天，只要不出去，浩儿就趴在桌上写 1、2、3…A、B、C…a、b、c…出乎我意外的是他还把社区大门外始发的 811、822、836、702、340 各路汽车的数字组合写出来，除去能写 KFC 之外还写出了 CCTV、BTV，这可能是每天晚上和外公一起看电视，从屏幕上学到的。

这之后我又把车牌上常见的"京"字教他读，告诉他：咱们现在住在北京市，"京"是北京市的意思，"津"是天津市的意思。这两三个月浩儿的收获很大，他变得懂事了，我们每次下楼，他不再让我抱，高兴地在前面走，有时还一路小跑，我追不上时常请保安叔叔帮我拦住他。

我还给他立了个规矩：告诉他，凡是和姥姥说话的人，你都要有礼貌地称呼，叔叔、阿姨、奶奶、爷爷。这几年直至现在，我和他一起出去时他都遵此约定很自然地称呼我和他认识的周围邻居。我之所以给他立这个规矩，是发现许多孩子对周围邻居和家人认识的人见面尽管父母祖辈对他说破了嘴，他也不开口叫一声奶奶、阿姨等，从小就性格自闭。

说来不可思议，我两岁多的小外孙学习认字时的启蒙教科书，竟是停在社区路边的一辆辆汽车牌照，而且这本"书"对一个淘气

好动的幼儿竟如此有吸引力，内容如此丰富:阿拉伯数字、英文字母、汉字入门。在此我把这些经历写出来，希望和我同样辛勤哺育第三代的老人们，平时仔细观察孩子的好奇心和求知欲，利用周围一切有利条件及时满足孩子的求知欲望。

浩儿自学认字、学写字以来，用的笔也不断地"更新换代"，最先是用粉笔，之后用铅笔和色笔，幼儿园大班时让他学用圆珠笔、墨水笔，所以三四年级老师要求同学写作业用墨水笔时，许多同学不习惯，写不好，可是浩儿早于几年前用墨水笔写字就得心应手了，而且字写得很工整。

九、废纸盒的功劳

浩儿自从拿笔写字像变了个人，不再像天女散花一样把我辛辛苦苦装进储物箱里的玩具倒出来了;不再想方设法藏东西、玩开关;不再像人力车夫一样拉着我已用绳子捆在一起的两辆车各房间跑，而是每天一醒来就找我要笔要纸要写字。这段时间浩儿练字把家里的纸和欲弃未扔的废纸、本，凡是一面有空白可写字的都用了;儿童12色水彩笔也消耗了好几盒。有一天下午他又找我要纸写字，家里仅有的A4纸舍不得给他，我找到几个尚未丢弃的雀巢咖啡包装盒和中药盒，把它们剪成纸片后递给他。这种纸片比较硬，一面空白，一面有字和花纹，他反复摆弄这些纸片，可能是对这么硬的纸感到新奇。我灵机一动把纸片剪成一个个小卡片，浩儿坐在旁边瞪大眼睛看着我，他可能奇怪:姥姥把纸剪成这么小怎么写字啊? 我拿起几个小卡片工整地写了"北京"、"东方之子"、"大风车"叫他读，他一边读，一边拿起笔也要写卡片。我指导他写了"M"、"KFC"、"京E"、"CCTV"、"BTV"等，他都写得比较标准。我观察到浩儿对用卡片认字很感兴趣，就动员全家人超前购买一些带纸包装盒的香皂、牙膏、护肤品、饼干、咖啡等，浩儿妈妈还特意给他买了一把塑料把齐头小剪刀。

每天我们祖孙吃饱睡足后就坐到方桌旁边剪卡片，之后把剪好的卡片放进一个塑料袋里。看着小外孙不到 3 岁就能熟练地使用剪刀，专心安静地做一件事儿，我也能在大白天安然地休息一会儿了，感到无比欣慰。

估计浩儿剪累了就让他停止剪，鼓励他看一会儿"海尔兄弟"或带他下楼去儿童运动场玩会儿滑梯，和小朋友追跑一会儿，直到跑得满头大汗哄他回家，途中带他进超市买他喜欢喝的酸奶、露露，喜欢吃的微辣"波力海苔"、蛋卷。对于超市里种类颇多的糖果柜台他从不靠近。

自浩儿出生以后我从未让他沾过糖果的边，连一口"糖水"也没喝过，所以他对糖类感到陌生。对他的口腔卫生和牙床基础我也满意，浩儿从小没有蛀牙，如今长了一口整齐漂亮的小白牙。

很快我们剪满一塑料袋卡片，可以利用它写、读、认字了。为了提高浩儿的写、认情绪，我们采取互动形式：他说我写或我说他写。第一天我用卡片写了牛奶、酸奶、可口可乐、水、冷水、热水、自来水、白开水，写完以后教他反复认读。为了加深他对几种"水"的理解，我拿着卡片把他拉到厨房，告诉他暖水瓶里的水叫白开水，并且倒出一杯拉着他手去摸，他感觉烫迅速把小手缩回去。我指着不锈钢水壶告诉他，暖瓶里的水是用这个壶在火上烧的冒热气突突响水开了以后灌进去的，所以白开水很烫，你千万不要自己去动暖水瓶！指着冷水玻璃壶告诉他这里的水是冷水，是把白开水晾凉了的水。

接着把洗菜池水龙头打开扳到左右方向告诉他，这边流出来的水是自来水，因为是从水管里自己流出来的；扳到另一边流出来热水叫他摸，告诉他这是自来水用火烧热以后的水。我打开热水龙头把他带到阳台看热水器透明孔里的蓝色火苗。接着又把他带到卫生

间告诉他，你洗手和洗澡用的水是热水，就是阳台上那个有火的东西把自来水烧热的。指着坐便器后面的瓷桶告诉他，这里装满了自来水，一按这个钮，水就把大、小便冲走了。

一上午虽然只认了十几个字，可是这种和玩游戏一样的学习形式效果非常好，小家伙的思想完全被吸引到这种求知过程中。最后我把这几张卡片给他，叫他指读给我是哪种水，他都说对了。第二天我故意不提认字的事儿，他看了一会儿"克鲁德"，到厨房找我说："姥姥，咱写卡片吧！"我说："好。"这次我让他说我写，他说：饼干、桌子、面包、大米粥、门、电视、西瓜、西红柿……

总之，杂乱无章，都是这一两天所看到的储存在大脑里的信息，他随想、随说，我随写，直到他再也想不出什么词儿了。我写完教他把卡片上的字反复读几遍，确认会读了，放到另一个塑料袋里。我们俩每天都是这样互动说、写着卡片，他说的基本都是眼前看到的事物，例如：雪碧、老玉米、毛豆、冰棍儿、馒头、花生、小一休（一种袋装榨菜，他很喜欢吃）、海尔哥哥、海尔弟弟、爷爷、克鲁德等等。

为了便于记忆，我教他写的字和词尽量词意靠近，例如：大米、小米、电灯、电话、电线、电表、电视、洗手、洗脸、洗澡、洗脚、太阳、月亮、下雨、打雷、黄色香蕉、红色草莓、绿色黄瓜、绿色树叶、蓝猫淘气三千问等等，他喜欢读，记得也快。

我还利用旧挂历背面大张白纸画个卡通小孩面孔，画上眼睛、鼻子、嘴、耳朵、头发，标上相应汉字，用胶条贴在门上。他每天不断出入看读，熟悉以后又画了腿、胳膊、手、脚，很快他对人体部位名称都认识了。没多久两个装卡片的塑料袋就有了明显差别，装空白卡片的塑料袋逐渐缩小，已经写、读过卡片的塑料袋逐渐膨胀。

这段时间对我本人也是一个学习过程：我已年近古稀，几十年

前上学时学的都是繁体字，对于现代简体字，一般只能认，多数字不会写，加之我是搞纯技术研究工作，多年来工作中养成写字求快不求好，但是为了让浩儿一开始学习汉字就能正确认字，我特意买了一本《小学生新华字典》，每次写、读卡片时就把它放在桌子上，写读我不会写的字时随时参照。无形中查字典、写字这件事给浩儿印象深刻，他3岁开始就知道《新华字典》是干什么用的，一年级入学以后刚学会汉语拼音就会查字典了，而且写的字工整而正确。

写字习惯延续至今，不管是老师留的作业还是在家乱写的便条、自编的记事本和给我留的"作业"，都写的字体端正，有时连他的外公都不相信手里拿的纸片上写的字是出自小外孙的手。浩儿的老师甚至在他的作业本上写出：看你的作业是一种享受，有时还把他的作业拿给别的同学作写字榜样。

在日常生活中，家里需要不断买一些日用品、食品，不断有纸盒。我们不断剪卡片，不断写卡片，直到那年春节前夕写过字的卡片塑料袋已经满了。有一天我对浩儿说："咱们写的卡片都满了，姥姥考考你还认识这些字吗"？他说："好吧"。于是我让他又找来两个空塑料袋，用彩笔写上1、2。我们坐在桌前，我取出一个卡片叫他读，读对了放在第1个空袋里，读不对的放在第二个空袋里，有读对的字做记号。如此三天读完以后，我先把第1个袋子里他完全读对的卡片倒出来计数，又把第二个袋里做了记号的字加起来，计算以后得知我这个淘气小外孙还不到3岁竟然认识了765个汉字，我不由自主地在他小脸上亲了又亲，获得我的夸奖他自己也笑得很开心。第二天下午我带他去附近的"麦当劳"店，吃了他喜欢吃的麦香鱼汉堡和炸薯条、喝了可口可乐，我鼓励他说："好好认字，认字多了姥姥还带你来吃麦当劳"。

十、两岁半的忠实小读者

一天傍晚快到家时我把一串钥匙给他，指着一把小钥匙告诉他，这是开报箱的，你把有咱家门牌号的报箱打开，把"北京晚报"拿出来，再把箱子锁上。他第一次享受这种待遇，高兴地拿了钥匙一路小跑去开信报箱。回家以后我对他说：从今天开始你每天晚上给姥姥念报纸吧，看你能认多少字。

那天晚上他看着报纸读出了：北京晚报、天气预报、11℃、风向南北、中国、日本、热线、广告、公路、快车、生活、南方、公司、老年人、小家电等近200个字、词。我发现他不认识"阴"、"晴"、"预"、"转"、"℃"等字，就让他取来几个小卡片，一边教他写、读，一边告诉他天气冷、热是用和你发烧时候一样的温度计来量的，"℃"读"（摄氏）度"，不是"C"，并且找出家里的体温计指着上面刻的"℃"让他看。

3岁的我每天都要取晚报，看晚报

33

　　这之后每天晚上他都嚷着要我和他去取报纸，回家以后打开报先读北京天气预报，有时还大声喊着：姥爷、妈妈、爸爸，明天有雨！带伞！外公知道他学会这么多字，甚至还开始读晚报了，也格外高兴，每晚7点半看完中央电视台新闻联播以后总叫着他一起看中央气象台播报的天气预告节目，浩儿对此非常感兴趣，我想这与他看"海尔兄弟"有关系，因为在片中海尔兄弟和爷爷、克鲁德在穿越地球各大洲过程中常常经历急风暴雨、泥石流等自然灾难，他天天看印象深刻。

　　没几天他记住了荧屏上的中国地图和各省市名称就抢着和播报员争先读。那段时间电视里的广告语他也备感兴趣，记忆深刻，有时还自言自语读出：白加黑、吃嘛儿儿香、上好佳、金六福、蒂花之秀好朋友等等。他也爱看"七色光"、"大风车"、"蓝猫淘气三千问""好娃学汉字"等电视节目，常常自我哼唱"好娃"中的歌曲，并且高兴地跟着好娃学认字，节目中教好娃学的鑫、晶、森、品等字他都学会写、读了。

　　那个春节前夕我拿出几张A4纸和从小市场上买的有卡通人、汽车和花朵的小贴画，教他给家里所有人用彩笔写贺年卡，写好以后随他意设计，在贺卡上贴花朵、卡通人、小汽车。他自己还别出心裁地在贺卡上用色笔画了太阳、月亮、云彩、小草儿，写完以后用吸铁块儿贴在冰箱门上自我欣赏，别提多高兴了，我们全家人看了以后也都夸他画得好、字写得好，这几张贺年卡是浩儿学习涂鸦绘画的第一批作品。

　　自此开始，他对绘画一直感兴趣，有张纸就画。今年他用A4纸自己订了几个小本，已经画了三本卡通连环画了。家里没人教过他，不知道他从什么地方学会在电脑上绘画的，他画了不少卡通画，甚至还自编卷号存档于电脑里。我和他妈妈无意中看到这些画，画的都是在电视中看到的"哆啦A梦"、"神探柯南"等，画的人物形

象、表情都非常逼真，对一个八九岁的孩子来说真是不可思议，难怪他的一个同学有一次来我家说，我们班有的同学想买小浩画的画儿。我们家电脑开机后的画面他也常画常换。经常弄得我开机后找不到点击点在哪儿？

十一、拥有 50 辆"汽车"和多幢"别墅"的小富翁

自从半年前一段时间逛商场乘公交车沿途所见，浩儿大开了眼界：除去在社区看到的轿车以外还有那么多各种各样的汽车啊！浩儿对汽车产生了浓厚兴趣，经常缠着我给他买车，于是我和他爸爸妈妈有意识地帮他寻觅各类儿童玩具车，就这样半年时间里，浩儿拥有了 50 多辆汽车，街上行驶的车型，例如：冷藏车、警车、军车、大巴车、水泥车、洒水车、吉普车、跑车、摩托车等等都有了。他爸爸还给他买了两种轨道自动小火车和两种遥控小汽车。

自从有了这些车，浩儿连他过去每天酷爱拉着跑的学步车和婴儿车看都不看了，后来把这两辆车送给了他爸爸的朋友。

浩儿不再傻淘气了，而是把精力用在益智玩耍中。除去学写字、看克鲁德就是趴在地板上摆弄这些车，有时还用火车轨道和筷子围成"车场"，把汽车分门别类地排列整齐。

他的小脑瓜非常灵活，对所见事物观察很细，有一天我发现他把小型车都斜着排列，一问他才知道原来社区路边小车就是斜着排放的，我却从来也没注意过。有一天我发现地上有几个大小不等的彩色小盆，很奇怪，我没给他买过啊！仔细一看原来他利用火车塑料轨道的拼插伸缩性围插成圆形的盆。

浩儿很懂事，他有些要求从来都是很平静地向我表达，从不耍赖哭闹，一般他提出的问题和要求，只要能办得到，我总是尽量满足孩子的心意。

我们邻座楼有一个比他大一岁的小女孩，有一辆电动塑料壳仿真小汽车，这个女孩每天开着车围着楼转，浩儿看着羡慕极了，一看见这辆车就走不动了，但是从没找我要过。看着孩子这么喜欢，我不能无原则地轻易给他买，这辆车价值几千元呢！因是邻居都认识，有一天我壮着胆子和小女孩的家人说：能不能让我的小孙子玩一会儿这辆车？让他过过瘾，10分钟就行。她的家人说：可以。小女孩也认识浩儿，对这个小弟弟也一直不讨厌，于是欣然从车里出来，让小弟弟坐进去玩，并且教给他怎么开。

浩儿高兴地坐进去在我们身边附近开着车子玩。

我看着表已经到了10分钟，走过去和浩儿说：咱们刚才和姐姐说只玩10分钟，现在已经到了，应该把车还给姐姐了，你出来不玩了，好吗？听姥姥的话，把车还给姐姐。

浩儿听了我的话很平静地出来，过去拉着那个女孩的手说：姐姐，我不玩了，给你。那个女孩笑着走到车前说：明天我还让你玩。

我赶紧说：谢谢你，小弟弟不玩了。

我觉得从小教育孩子对人诚信很重要，不能娇惯、溺爱孩子不讲道理。

为了适应浩儿思维能力的发展、满足他的求知欲，此后我又给他买了几种积木和塑料拼插玩具以及拼图风景画。

这些拼插玩具和积木对浩儿智力发育如虎添翼，小家伙如同一个小建筑师，每天不停地搭、拆楼房、围墙、桥洞，客厅地板上天天摆成一幅幅童话世界：各式楼房、庭院、汽车、马路、警示灯，并且把吃"麦当劳"、"肯德基"时获得的各种儿童玩具——男孩、女孩、警察、小狗、小猫也摆在其中。

浩儿在摆弄这些益智玩具过程中有力地促进了脑部发育，学会认字、看报纸、看电视使他逐渐学会思考，开阔了眼界。浩儿这时候已经没兴趣、没时间胡闹了，至此，我看到了3年来付出的辛劳

已开始有了收获。

　　小家伙好学、求知欲强、肯开动脑筋，这无疑对今后学习打下了良好基础，而以后的事实也证实了这一点，由此让我认识了对幼儿的启蒙教育是何等重要，因此把这些亲身经历写出来，供年轻的父母、祖父母、外公、外婆们借鉴、参考。

十二、至今无法解开的谜

　　3 岁的孩子怎么可能搬动 19 公斤的水桶！

　　这期间浩儿还做了一件趣事，至今仍是我们全家人无法解开的谜：因为浩儿淘气，为了怕他烫伤，他爸爸把饮水机移到厨房外阳台上了。

　　有一次没水了，我给水店打电话请他们送水并带清洗水箱的物品，不多时送水工来了，他进门以后把水桶放在地板上，我就带他到阳台刷洗水箱去了。清洗时我得帮他在阳台和厨房之间来回端水，十几分钟以后清理完毕，送水工到进门处取水桶时，发现桶没有了，于是喊我过来，我一看确实水桶不见了，19 公斤的矿泉水桶哪儿去了呢？

　　这段时间家里没来过人，只有我、浩儿和送水工三个人。我和送水工一直在阳台忙于洗水箱，送水工来的时候浩儿在专心地摆弄他的那些车，后来就没留意他在干什么。他一个 3 岁的孩子不可能有那么大的力气搬动 19 公斤的水桶，可是水桶哪里去了呢？

　　送水工站在门里发呆，我以最快速度查看了所有房间，都没发现水桶，细想只有储藏室没看了，当我拉开储藏室的拉门发现水桶端端正正放在门内地板上，送水工看见大叫：你们家小家伙真厉害，这么重的东西他也能搬得动！于是他一边说一边把水桶提到阳台上去换水，临走时还一直看着浩儿笑。

　　送水工走后我问浩儿你怎么把水桶弄到储藏室里的？连问了几遍也没问出所以然。我家进门后右手处是餐厅和开放式厨房、阳台，左手处是客厅，单元门正对面是储藏室，但两者相距6～7米，无论是提、拉、滚动方式移动这个19公斤重的水桶，对一个3岁的孩子来说都是不可思议的事，可是这件事的的确确是浩儿干的，因为家里当时除送水工以外没人来过。

　　后来我们全家人只能这么猜想：浩儿自幼就喜欢像拉风箱一样每天推拉卧室壁柜、储藏室和客厅的拉门，无形中锻炼了臂力。自从学会走路以后在家里一年四季不穿鞋袜，给他穿上转眼就自己脱掉，估计是双手握住桶口拉进储藏室的，因为浩儿光着小脚丫儿与木地板接触有摩擦力不打滑，如果是滚过去得先把桶放倒，滚动以后再扶正，可是我和送水工都没听到水桶滚动的声音。

　　总之，到现在我们全家都没弄明白水桶是怎么被他挪动的？

3～6岁

好学多动的小帅哥

一、幼儿园的乖孩子

浩儿3岁了，我和他父母商议准备送他去幼儿园过过集体生活，一天下午我带他去社区幼儿园报名。填表时我用的钢笔是老师从桌上的笔筒里取出来的，浩儿站在我身旁看着填表，我填完以后把表递给老师并随手把笔放在桌上，浩儿在旁跟我说：姥姥这笔是从这里拿出来的，他把笔拿起来插进笔筒里。那位老师看了笑着说：这位小朋友真懂事，真有眼力见儿。

浩儿入园第一天，园方允许家长陪同半天，并可带孩子参观全园设施。这一上午浩儿玩得很高兴。午前我带他离开幼儿园时他还有些恋恋不舍，当时老师和我都反复问他：明天还愿意来吗？他不停地点头说：来，我愿来。

第二天早上我送他去幼儿园，他高兴地在我前面一路小跑特别高兴。

幼儿园门口有好几位老师在等候，昨天浩儿被分配到小二班的孙老师、张老师走过来迎我们，随即领着他的小手进门，他回头一看我没进去，返身跑出来就哭，一位男老师抱起他一边哄一边进门，浩儿双手紧握住幼儿园铁门栏杆哭着喊：姥姥，姥姥，说什么也不松手，那位老师和张老师用力掰他的手也掰不开，男老师笑着和我说：这小家伙儿手真有劲儿！我心里笑着想，19公斤的矿泉水桶都拉得动，怎么会没劲儿。最后还是老师们力气大，总算把这个哭喊着、两条小腿儿乱蹬的小家伙儿抱到园内去了。

可能怕我不放心，午后孙老师给我来电话说"浩儿不哭了。午饭也吃得很好，现在正和小朋友一起玩积木呢！"

当天晚上我接他回家路上问他：明天还去幼儿园吗？他说去。

回家一进门就自己脱鞋、脱袜子，光着小脚丫儿去洗手（浩儿

在家光脚的习惯上小学后仍如此），我赶紧跑过去帮他，他不让，说：我自己，我自己。一边打着肥皂，一边告诉我：左右手洗，打出泡儿冲干净。接着跟我说：今天我喝菊花茶了。

看着他的高兴劲儿，仅去了一天就学了不少东西！我知道进幼儿园这一关通过了，浩儿的适应能力很强。这和他从小乐于和小伙伴们玩耍有关系。

浩儿在幼儿园很乖，老师和小朋友们都很喜欢他。他从来不和小朋友争夺玩具，能够友好相处不打架。有天晚上回家后告诉我：有个姓孙小朋友不让他玩小汽车，他拿起一个小汽车就被那小朋友抢过去，又拿另一辆车也抢走了，他没哭，去玩小狗熊了。我对他说：那小朋友再抢玩具你就让给他，回家以后玩你自己的车就行了。

有一天午夜12点多浩儿突然大哭，我开灯一看，浩儿闭着眼睛半睡眠状态在痛哭，我安慰着拍着他，哄了半天才停止。

我刚睡着，又被他大声痛哭惊醒了，因夜深人静哭声很大（后来才知道邻居都被吵醒了），我把他抱在怀里又拍又哄许久才停止哭泣完全睡着。我估计是在幼儿园受了小朋友欺负，因为这是浩儿有生以来第三次大哭。

第二天他进幼儿园以后，我把昨夜情况告诉了孙老师，请她注意浩儿情况。当天晚上我接浩儿时，孙老师主动告诉我说：她了解的情况是这样的，班内有个小朋友的爸爸去日本出差给他买回"奥特曼"光盘。浩儿的床和这个小朋友挨着，午睡时这小朋友开玩笑，就模仿片内情景卡住浩儿脖子不放，直到被卡哭了才松手，浩儿受到惊吓，所以夜里睡梦中大哭。

孙老师找了这个小朋友家长，他的家长反映这孩子最近在家也模仿片中情景有时卡他外公脖子玩，这位家长表示回家就把光盘毁掉不让他看了。

由此事使我更加认识到：抚育一个孩子不仅仅是让孩子吃饱穿

暖、不生病的事，正确教育引导孩子认知远比照顾生活更重要。幼儿无知，但头脑又像海绵一样吸收力很强，给孩子买本书、买张光盘的时候都要考虑能让孩子吸收的东西是什么！

浩儿在幼儿园最喜欢上英语和电脑课了，爱屋及乌他也非常喜欢这两位老师。我们全家人和浩儿说事儿，都是商量口吻，从不用粗暴、责骂式。我和他爸爸也常用幽默语言和他商量事儿，给他讲一些道理。

浩儿从小除两次因犯错误挨打以外再没有挨过任何人的巴掌，他从未大哭过，有时遇到不能满足的要求和委屈事，也只是抹几滴眼泪而已。

他在家每天都是一副乐天派面孔。性格活泼，秉承了他爸爸幽默的性格，家里任何人及同学都是他的开玩笑对象，尤其和我，给我起的外号是：小老头儿。他和邻里、幼儿园小朋友都是和善相处，从不和别人打架、也从不会骂人。以至于有的老师不止一次和我说：这个孩子真好，像他这种年龄的孩子身上的坏毛病，他一点儿也没有。

上幼儿园小班那年的春节我让浩儿给任教老师们写贺年卡，他认真地又写又画又贴，给所有任教老师写了贺卡，老师们意外地收到了这个幼儿园小班小朋友自制的贺年卡都很惊奇。此后直到浩儿毕业离开幼儿园，这几位老师每年都会收到浩儿亲自制做的贺年卡。

浩儿幼儿园毕业之前的生日是在幼儿园过的。我特地定制了一个较大蛋糕送到幼儿园，并带去一部装好胶卷的相机，请老师们和班内小朋友共同与浩儿过一个有意义的生日，留下老师与幼年伙伴们美好的记忆。

在我和浩儿从家里到幼儿园往返的路上，也是浩儿重复学习的过程。他看到路边汽车牌上除去他已经认识的阿拉伯数字和英文字

母 A、C、E、H 之外，还有沪、琼、辽、鲁等汉字，就问我这个字怎么念，我逐字教他读，并且给他讲字意："辽"是指辽宁省，这个车不是北京的，是辽宁省的车。"琼"是指海南岛。"鲁"是指山东省。"沪"是上海市，"沪"一个字就代表"上海市"三个字。你不是天天在中央电视台天气预报上看到这些省份和城市吗？这些车就是那里的车开到北京来的。

有一次我去附近早市买菜时，意外发现有卖泡沫塑料块儿制的"爱我中华"儿童拼图玩具，是用标有各省、市名称的小块儿塑料拼的中国地图，于是买了一盒回家，浩儿看到非常高兴，如获至宝。这个小教具价格低廉，但很实用。浩儿每天趴在地板上拼、拆，通过前一段时间他和外公每晚一起看电视，已有看电视天气预报和各省市位置的概念，这个拼图又进一步帮助他熟记了全国各省市的地理位置和简称。很快他就知道河南省简称"豫"，位置在哪儿了；四川省简称"川"，成都市在四川省，拼图时甚至连海南岛、台湾省的位置也放的很正确。

这段时间浩儿对认字兴趣非常浓厚，我也就势引导他深入学习。往返幼儿园时走在路上时，看到社区内商业街上任何一块牌匾都让我读给他听，"樱花洗衣店"、"柯达影印"、"张一元茶叶店"、"工商银行""建设银行"、"华润超市"等牌子经过几次过往他都会读写了。

就连绿地上竖立的小木牌子也让我读给他。我指着一块小木牌告诉他这块牌子上写的是"小草在睡觉，请勿打扰"，"勿"字是"不要"的意思，是不让我们进去踩草地。

又指着另一块牌子上写的"脚下留情"，念给他说这也是让我们走路时不要踩着小草。

再后来小家伙像着了魔一样见字就问，连路边地沟盖上的"污"、"电"、"市政"、"北京市政工程管理局"等字也让我念给他听。

这段时间从幼儿园回家时还爱拉着我去超市，开始我搞不清为什么，后来我才醒悟，原来他也是为认"字"要进去的，因为他看见陌生的字就问我，连"速冻饺子"、"云吞"怎么念也问。他让我买"维维豆奶"、袋装牛奶、酸奶并指名让我买这种面包、那种饼干，因为这是每天家人要吃的东西，所以我就"遵命"买了。

谁知这以后我算"遭难"了：我每天的早餐吃什么由他说了算，冲了豆奶以后得让他一勺一勺的喂我，面包或饼干也得他一口一口地放在我嘴里，我吃一次早饭感到很累。

后来才知道他在幼儿园就是用这种方式喂布娃娃的。我这个小外孙每天都有让我哭笑不得的新招儿的。

在幼儿园接触了众多小朋友以后，浩儿也有了"审美"意思。他本来长的秀气，不少人都说像个小帅哥儿，头发长长以后很多人又说他像个女孩儿。

4岁那年寒假期间，我和他外公参加旅游团，乘老年专列带他去海南岛旅游。在列车上同车厢爷爷奶奶们逗他说是个女孩时，他竟然头脑灵活地脱下裤子让人看，证明自己是男孩儿，逗得这些老人们哈哈大笑。

这次海南岛之旅，浩儿对大海和椰子树印象深刻，这是他第二次看见大海。他3岁时曾和全家去过一次北戴河，但是那次他太小没有这次印象深刻，尤其这回两次乘船从海口往返三亚，浩儿看到船两侧波涛的海浪异常兴奋。

乘火车回京快到站时，同车的许多老人都互相写联系地址电话，浩儿找我要了纸、笔，让我裁成小纸片，在纸片上画了在海南随处可见的大椰子树，下面还画了掉下来的椰子，然后在中间位置写下他的名字，有位老人接过去哈哈大笑说：这小子会自制名片啊！

回京后我带他去理发店理发，因事先没征得浩儿同意，我只和理发师说：理短点儿。谁知理发师一剪子下去剪得很短，浩儿在镜子里一看就大哭，那位理发师叔叔和我一边哄他向他道歉，一边尽

四岁的帅小伙在三亚到海口的船上

量把头发整理长，但浩儿还是不满意给他理成的平头，进门哭了一场，以后几天拒绝下楼，后来全家人连说带哄，下楼时也得戴帽子。看来小家伙知道"美了"。

小时候浩儿的头发一直是他爸爸趁他在澡盆洗澡玩水时候亲自用剃刀给他剃头，不管是光头、平头他都不在乎，没感觉，现在看来没那么简单了。连三四岁的小孩子也知道"美"，这让我深深体会到"爱美之心人皆有之"这句名言的真髓。

45

二、玩中学，学中玩

住在我家楼上、也是浩儿同楼唯一的同龄伙伴小铃铛全家移民加拿大了，临行前我给他俩照了许多照片留念。他家走后，浩儿总问小铃铛去哪儿了？有天周末他爸爸回来时买回一大张地图贴在客厅墙上，指着中国北京告诉他，咱们住在这里，小铃铛去的加拿大离咱们住的北京很远很远，得坐飞机去才能到。

过了几天我又给他买了一个地球仪，指给他加拿大和中国北京的位置，使他头脑里对地球有个直观的概念。

不久他妈妈又给他买了一盒插世界各国国旗的拼图玩具，他玩了几天，对常见的中国、日本、韩国、美国、加拿大国旗和这几个国家在地球上的位置能对上号了。

自此他对地图就感兴趣，之后不管去北京郊区还是外地旅游，浩儿都喜欢行前和回来后看地图，了解行程路线，哪怕去一些大商场或地铁他也要一进去先找图示，然后指导我向前走，向右拐，按着他的指示绝不会走冤枉路。

浩儿开始知道思念爸爸妈妈了。每到傍晚一有电话铃响他就急速跑过去，支立着小脚丫儿拿起电话，不问三七二十一，上来就说是爸爸吗？嗯，你好，妈妈你好！好，再见。等我过去接电话时，他早已把电话挂了。

为此我只好到电话局办理了来电显示手续。我找出家里一部不用的电话机给他当玩具，又给他买了一个玩具手机，满足他对玩电话的兴趣，他就成天模仿大人打电话拨号，和他爸、妈以及认识的小朋友"打电话"。

浩儿每天要早上 8 点以前入园吃早餐，因此我早上听见闹钟响起床以后手忙脚乱自己洗漱之后，给他穿衣服，不停地看着表掌握时间，在路上也不时看着手表根据时间掌握行走速度。由此引起浩

儿对"表"发生了兴趣，路上常问我：姥姥几点了？

有一天晚上我找出一个厚纸盒，又和他一起找出剪刀、尺子、针线，我剪了一个大圆盘和三个长短粗细不同的纸条，在圆盘上写上1～12，用针线把三个"指针"缝在圆盘中间。之后几个晚上我就利用这个自制教具教他认识表；认识时、分、秒针，并让他反复活动三个指针说出时间，很快他就熟悉了时、分针，知道了几点几分，因为孩子太小对于复杂的秒针我没强调。

不久后有一天他在幼儿园看着表读出了准确时间，在场老师听见感到惊奇。

那天晚上我去接他时，老师告诉我，你们浩儿认识表了，您知道吗？我说知道，他最近在家玩儿这种玩具。因为浩儿的好学和我的细心观察，及时满足他的好学好奇心，浩儿的学习总是超前的，学习面也较宽。

浩儿很爱看北京电视台的"七色光"节目，有天晚上哄他睡觉以后我去北卧室收拾房间，看见方桌上有铅笔和纸，一张纸上画着一个小盒一样的东西，下面画着一个方块，旁边写着"纸"字，再下面画着一个小瓶形状及剪刀形，我猜不懂怎么回事，也没动桌上的东西。

第二天他醒来以后我问他才知道，七色光节目中教小朋友怎样用纸、浆糊和剪刀工具糊纸盒，浩儿竟然知道一边看，一边做笔记了！除去"纸"字以外，"浆糊"、"剪刀"、"纸盒"他不会写，就用画画记下来了。

4岁多的孩子竟然在玩耍中还不忘记学习，这让我很吃惊。这孩子头脑像海绵一样，对任何感兴趣的事物都会汲取。

有一天从幼儿园回家时我们去超市，刚好超市在举办会员制活动，愿参与者需在服务台填一个表。我们走到服务台，服务员递给我一张表，浩儿嚷着说：姥姥，姥姥，我写。

那位阿姨几年来看着他长大，一直很喜欢这个小帅哥儿顾客，她从不理会浩儿叫什么名字，一直叫他小帅哥儿，阿姨说：别闹了，叫姥姥填吧！我说他能写，正说着浩儿已把我家楼号、居室号和我的名字写好了。那位阿姨接过来一看大吃一惊，喊着：嗨！帅哥儿你还会写字啊！真不简单！浩儿听了很不好意思，躲到我身后拉着我手说：姥姥，走吧。临出门时那位阿姨还说：小帅哥儿，明晚买完东西上我这儿来啊！

浩儿从小就不喜欢别人当面表扬他，直到现在老师的表扬、同学们的夸奖，我和家人都是事后从他老师写在他的作业本、联系本及同学的口中得知的。

我和他妈妈约定：尽量不当面表扬他，也尽可能不批评他。

浩儿在家里好久没搞"破坏"活动了，有天晚上我看他安静地坐在北卧室方桌旁边玩，没去管他，等叫他睡觉时发现桌子上一大堆塑料零件和几个电池，原来他把电视遥控器后盖和一辆遥控小汽车装电池的槽盖打开了，工具就是我今天下午修眼镜腿儿时忘在桌上没收起来的一盒小螺丝刀。看来他设法拧开盖子可是装不回去了。

孩子这种拆卸玩具的举动，说明他有旺盛的求知欲。

为了不打击小家伙的探奇心和钻研兴趣，我没责备他，而是平和地跟他说：浩儿该睡觉了，不然明天早晨起不来了。这些东西别动了，明晚你回来姥姥和你一起把盖儿装上去。第二天晚上路过超市，我突然想到遥控器里的电池也该换了，不如趁此更换一下。于是我们进去买了4节一包的5号电池，回家以后我把电池放到餐桌上去拿剪刀，准备把透明塑料包装壳剪开，可等我拿了剪刀到餐桌上去拿时，发现几个电池都已经出壳摆在桌上了，我问浩儿怎么把电池弄出来的？他拿起背壳纸给我做了一个掰的姿势，小家伙真聪明，原来他是把整个包装从中间掰开的，这些方法我从没教过他，不知他是怎么想出来的。

看来小孩子的智力发育是不可忽视的，这就需要做家长的细心观察、发现，正确引导他发挥，少斥责孩子，不要使孩子幼小心灵受到挫伤。

随着浩儿一天天的长大，好学和好奇心增长，我也尽可能及时满足孩子的要求，我和浩儿这种互动学习步步升级，效果极佳。

这两年我通过细心观察，见缝插针地利用生活中点点滴滴知识以寓教于乐形式向浩儿灌输了大量知识。没有采用坐在家里桌边逼迫浩儿看着书本学习。

事实证明，我们祖孙俩这种边玩边学的形式效果极佳、收获丰硕。

三、令浩儿安静的绝招——画迷宫、下棋、玩电脑

浩儿认字以后，对看书产生兴趣，他认得字已不止一年前的800 个了，他已有充分的自学能力了。这期间我和他妈妈给他买了不少幼儿书籍、杂志：《小熊维尼》、《大灰狼》、《猫和老鼠》及VCD 光盘等，这些书和杂志我一本也没给他阅读过，他自己都能看懂，只是偶尔问我几个不认识的字。

他对《大灰狼》杂志中的"走迷宫"尤其感兴趣，开始是自己一边看一边琢磨着用彩色铅笔画着线走出来。或许是熟能生巧，不久他找我要纸画迷宫，我也不扫他的兴，给他纸尽量满足他的愿望。他画的迷宫越来越复杂，甚至别出心裁把 A、B、C、…26 个英文字母画进去，只有按字母顺序才能走出迷宫。只要他看见白纸，就会一张张地画，画完以后就像家长逼着孩子写作业一样，逼着我和他爸爸按时完成走出迷宫，有时画了还让老师走。

偶尔他爸爸、妈妈带他去大爷家，他画了迷宫也让大妈走，他的大妈虽是白领阶层，却常常被这个小侄子画的迷宫难住。就在那段时间，有一天我和浩儿下楼玩的时候，看见社区内收废品的叔叔

刚从旁边单元收的废纸中有较厚一打洁净的 A4 纸，一面打印有小号英文字，我说为让孩子写字、画画儿，可否把这摞纸卖给我？那位叔叔爽快地将 1 公斤多重 A4 废纸卖给了我，以后这些纸在浩儿上小学一年级前就消耗光了。

这些废纸在一个幼儿利用过程和发挥的作用与它的价值极不相称。

它帮助浩儿展示了他的写字、绘画天分，极充分地表达了一个幼儿头脑中想象的东西。那些时候我们家随处可见浩儿画的迷宫、写的字条，可是浩儿从来不在墙上乱写、乱涂。他对《大灰狼》出到第几期都了如指掌，每次进超市总是先去图书角找新出版的《大灰狼》。有一天他发现这本杂志里还有更有趣的下棋内容，回家以后就让我做下棋用的骰子，我无奈用硬纸片和浆糊做了一个正方体，浩儿在上面写了 1 ~ 6。从这天晚上起浩儿又给我加了一项任务：陪着他下《大灰狼》棋。

我看浩儿酷爱思考，对下棋感兴趣，就陆续给他买了跳棋、军棋，他爸爸也给他买回了围棋和木制棋盘，可是我不会下围棋没法教他，反而是他成了我的小教员，教我下他在幼儿园学的"五子棋"，据他自己讲：在幼儿园里没有小朋友赢过他。可能他说的是事实，因为自从他教会我和他妈妈下五子棋以后，几年来我们母女俩还从没赢过他呢！他的棋子总是斜着摆，开始时让你看不出意图，到你发现他的走向时为时已晚，你已输定了。

在浩儿 5 岁那年的春节，我买了一副中国象棋同时教他外公、他妈妈及浩儿，几天以后外公和他妈妈父女俩表示投降：太难学、不学了！然而几天以后浩儿坚持学会了。一年以后我就开始难于赢他，直到现在下三盘棋我得三次被他将军，连他爸爸也难于赢他了。他可以看出你 2 ~ 3 步的走势。

浩儿自从上幼儿园以后学会玩电脑，经常晚上兴奋地告诉我：

姥姥，我们明天有电脑课。可能幼儿园的电脑课还不足以满足他的要求和玩兴，那时候我家里尚没买电脑。因此，往往在周末或周日浩儿就缠着我陪他去儿童城玩电脑，为了满足孩子对这种有益于儿童智能的发挥要求，我每次都满足他的愿望，我带着一本书，他玩电脑，我在旁边看书陪他。

两小时以后他会自觉的关机，把 10 元钱交给服务台的阿姨，跟我蹦蹦跳跳地离开儿童城，有时也会意犹未尽地再玩一会儿童游乐器械。

后来我家买了一台电脑。有一次我看见他和爸爸在电脑上玩汽车赛游戏，浩儿熟练地控制键盘，他的手指灵活，眼、手协调能力高，最后得分总是超过他爸爸。还有一次浩儿和妈妈玩一种火车拉宝石游戏，他妈妈每次只能拉 6～7 粒，浩儿拉的宝石总是超过 10 粒。

为了避免孩子沉溺于玩电脑游戏中，我规定他每周日才允许玩电脑，时间为 1～2 小时，平时不许玩。浩儿至今一直自觉遵循着此规定。除周日外平时都不靠近电脑桌。

一个不足 10 岁的孩子能有此自我约束力也是难能可贵的。

我从他懂事时就教育他说话要有"诚信"、"说话算数"，我本人也是这么做的。可以说，对于一个幼儿从小的正面教育很重要，这对他成人以后的品质和性格也极有益。

总之，只要浩儿在家，如果有人进门感到家里很安静，不用问一定是他在专心一意地画迷宫或者玩游戏，不然就是有人陪他在下棋。

四、见缝插针，全面引导

浩儿在幼儿园升大班了，他很显然是长大了，爱提问题了，对什么都好奇，看见什么都问。

有天晚上打开中央 7 频道问我:姥姥怎么没有"蓝猫淘气三千问"和"天线宝宝"?

我告诉他:小朋友都开学了,这个节目停播了。

有时回家进门看见几个房间灯亮着,就跟我说天还没黑,怎么开灯?浪费电,姥姥没钱去吃麦当劳了。说着就跑过去把灯关了。

每天晚上接他回家他都像眼睛不够用,四处观察,对天空的星星和月亮也感兴趣,有天晚上他指着一颗星星问我:姥姥那个星星怎么那么亮呀?我看他指的是"北斗星",就告诉他这颗星星叫"北斗星",总是在咱们站的位置北边。

对于每天晚上月亮形状不一样他也问:姥姥今天月亮怎么这么圆呀?我只能告诉他:一个月一般是 30 天,你今天回去可以看看咱家的挂历,在这 30 天里,月亮每天都不一样,在阴历十五这一天月亮最圆。今天就是阴历十五,除去阴历十五这天,月亮每天都不一样,变得和面包和香蕉样子差不多,有时香蕉向左弯,有时向右弯,不信你看下星期它就变成香蕉了。每年八月十五中秋节你吃月饼那天晚上月亮最圆。以后吃月饼时你记着看月亮啊。

没多久,一个晚上回家路上浩儿告诉我:今天老师问小朋友快到中秋节了,中秋节晚上月亮最圆,每天晚上月亮都是圆的吗?浩儿说全班同学都举手,说是。就他一人没举手,老师夸奖了他。

还有天晚上回家时,浩儿一直不好好走路,一会儿跑在我前面,一会儿在后面,一会儿左一会儿右。我跟他说晚上走路不许耍花样,因为早上我送他去幼儿园路上他看到有些老爷爷、老奶奶倒着走,他也学着倒着走,我也不阻止,只是到了人多的地方我就制止他。我以为他又玩着花样走路呢,我制止他说:晚上不许倒着走。浩儿说:姥姥我是在你的影子里走呢!我仔细观察,原来我的身影确实是一会儿前、一会儿后、忽左忽右,原来是路两侧及人行道的照明灯使我的身影变幻不定。

我告诉他：姥姥的影子总变，这是灯光照的。你看：灯从姥姥左边照，影子就在右边；灯在右边，姥姥的影子就在左边；灯在前边，影子就在后边；灯在后边，影子就在前边。你来试一下，于是我叫他走在一盏人行道边灯下，站在灯的前后左右演示了一下，人影刚好与灯光照的方向相反，他不停地点头说：我知道了，真好玩儿。

冬天的一个早上，那天天气很冷，走在社区锅炉房附近，他指着烟囱问我：姥姥，姥姥！你看那烟囱怎么冒白烟呀？可能在浩儿的印象中，烟囱应该是冒黑烟的，我仔细看了一下烟囱确是冒着白色雾气，就告诉他那个烟囱冒的不叫白烟，是水汽。锅炉房是用和咱家做饭一样的天然气把水烧热，用管子送到咱们各家的暖气管里，所以咱家暖气才热。烧热水的时候有点儿废气从烟囱里跑出来，因为天气特冷，热气遇冷就变成水汽和小雪花了，所以咱们从远处看就像冒白烟一样。你今天回去摸摸咱家的暖气管，看看它是不是从锅炉旁的热管里流过来的。再看看咱家阳台外面伸出去的小管子是不是也冒白烟？

我家各个门窗一年四季均留一点缝隙，以使室内空气流通。有一天风较大，厨房门内墙上的挂历不时被风吹得飘起来，我心想一会儿得空把挂历换个地方，谁知还没等我腾出空来行动，浩儿找来一个大塑料夹把挂历下边几张纸夹起来了，告诉我：姥姥，这样风吹不动了，果然，挂历纸不再一张一张飘起来了，不知道小家伙脑子里的点子怎么这么多！他的智力超越了他的年龄。

看到任何事物他都喜欢开动脑筋。我想这和他从小在家里任意折腾，我不制止，让他尽情发挥淘气的本事不无关系。

对于幼儿在似懂非懂时期，他的精力无目的的处处发泄，家长制止孩子这不许摸、那不许动，是会影响孩子智力发挥的。我庆幸那个阶段对小外孙的娇惯，我的辛劳疲惫换来浩儿的聪明。

浩儿妈妈单位在"三八妇女节"所发礼品中有一个布制信袋式

儿童身高测量尺，一直没开包利用。有一天浩儿发现了问我：姥姥，怎么不挂起来呀？我说：没想起来挂在哪儿好呢！不一会儿看见浩儿在各屋观看了一下，找我要一支筷子，然后他把筷子插在北屋临时作为衣箱上下叠放的两个电视机纸箱中间的缝里，把身高测量尺挂在筷子上，晚上全家人看了都称赞他这个主意"妙"。

浩儿喜欢喝露露，冬天我家暖气上总放着几桶，一般浩儿晚上回家要喝露露时都是我打开一桶倒在杯子里给他喝。有天晚上回家一进门他就说：我渴了，姥姥，我喝露露。我正在脱换衣服，准备洗手以后给他倒，可等我要给他倒时，发现小家伙已经端着杯子喝上了，原来他利用桌上一个不锈钢小勺的把儿把桶盖上的拉环撬开，自己把露露倒在杯子里了，这让我不得不佩服小家伙的脑子"真好使"。遇到什么事都肯于开动脑筋，他某些方面的智力似乎超越了我这个年近七旬的知识分子型老太婆了。

浩儿还喜欢喝可乐和雪碧，这是他妈妈惯的坏毛病，年轻人不知道怎么疼爱孩子。我一直主张小孩子应该喝白开水，为了提醒浩儿和他的父母，我写了一张警示性的纸条贴在冰箱上，写的是：渴了喝白开水，不许喝可乐、雪碧，不听话打屁股。第二天再一看，浩儿竟然把这张纸条改为：不喝白开水，许喝可乐、雪碧，听话打屁股，全家人看了都哈哈大笑。他把"不"和"许"两个字竟然移动的这么恰如其分。他还自己写了一首反意顺口溜贴在冰箱上：吃牛奶、喝面包，夹着火车上皮包。这个顺口溜可能是在幼儿园听小朋友说的，可是他竟然能写出来。他和班里小朋友相处得都很好，对每个小朋友都叫得上名字。有天晚上他坐在我身边竟然把班上21个小朋友的名字都写出来了，10个男同学、11个女同学，还有几个男同学家里的电话号码，足见他对班里的小朋友印象之深。

我们祖孙俩往返幼儿园两年多来，每天沿途经过社区的多个绿化带，浩儿对路边各个季节开的花也很感兴趣，常常问我花和树的名字。冬去春来沿途所见迎春花开得最艳，我告诉他这种黄色的花叫"迎春花"，它最早开迎接春天所以叫"迎春花"。咱们不是已经脱了棉衣换上毛衣了吗！一年有四个季节，穿棉衣下雪的时候是冬季，你看竹子下面的地上有好多绿尖儿了吗？那是竹子的芽叫"笋"，下过雨更多，有句话指春天的竹子发芽儿，叫"雨后春笋"。现在脱了棉衣换上毛衣，迎春花开了竹子发芽儿了是春季。过些日子，各种颜色月季花开了，换上单衣服，就是夏季。等到又穿毛衣，树上的叶子黄了，一刮风树叶往地上掉的时候是秋季。一年有四个季节，春、夏、秋、冬一定要记住，他点点头说：我记得住。

五、发现数学潜能，顺水推舟

　　浩儿每天和我进出超市买东西，不知什么时候他对硬币和人民币纸币感兴趣了。浩儿拿起这些硬币可能是无意识的，只感到它好玩。可是他的这个举动却立即引起我的一个构思：利用硬币教他简单计算，寓教于乐。有一天在收银处，他伸手把售货员找给我的硬币都拿起来了。回家以后我找出一个小存钱罐，让他把硬币放进去，此后一段日子，凡是购物、交电话费只要是他跟着我都要求把硬币给他，有时我请超市收银员或电话局收费员多找我一些新的硬币给浩儿。不久后的一天，我把存钱罐里的硬币倒出来一数已经有 7 元多了，就用消毒水把硬币洗刷干净以后给浩儿玩，并教他认识 1、2、5 分币，1、5 角币和 1 元币。因为他早已认识数字，我告诉他 10 分是 1 角，"角"字的读音并且告诉他人们说的"毛"就是"角"。10 角是 1 元，让他数一数罐里的钱一共是多少，教给了他十进位数的方法。他自己找了个小纸盒分门别类地把硬币区分放进去。之后每天晚上回家他就倒腾这堆硬币数着玩，几天以后他告诉我：姥姥，我数完了，他说的数和我记忆的差不多。我和他一起重新数了一遍，数的结果证实他自己数的确实对了。由于对硬币的熟悉与计算又引发了他对纸币的兴趣，他接着又找我要纸币，纸币一般较脏、旧，我当时没答应给他。此后在超市收银员找的钱中偶有新币我就让他拿，遇到熟悉的收银员就请她多找些新币。在其他地方买东西、交电话费、物业费时也请人家多找新币，他爸爸、妈妈每次回来也送他一些新币，很快他就攒了不少纸币。他爸爸还特意给了他一个不错的钱夹，他就一边数一边分门别类地把纸币放进钱夹，竟有120多元。看到他对人民币熟悉了，又有初步加、算能力，觉得有必要趁势让他学会加、减法。

此后，我每天在超市买完东西回家以后，除去把新纸币和消毒后的硬币给他以外，还把购物小票给他，跟他说：你把小票算一下，看看售货员阿姨算对了吗？我给他讲小数点的含义和数钱时一样十进位制，小数点前面第一位是"元"，元前面是10元、100元。小数点后面第一位是"角"，后面是"分"。这以后每天买东西的小票回家就让他根据买的东西对照小票重新加算一遍。他还找了一个小纸盒专门放小票。家里的小票越来越多，浩儿的小数点加法计算也越来越熟练准确了。

有一天我去西单给浩儿买凉鞋，之后在附近肯德基店就餐，看到旁边桌上一对学生模样情侣在玩小竹签游戏，旁边还有一个做工精致的小木盒。这是我小时候玩的一种俩人游戏：把几十个短竹签撒在桌上，一个个拿起来，拿的时候碰动另一个竹签就算输了，得让另一个人拿。它可训练一个人的耐心、细心，手指灵活性和准确性。看样子这是一对医学专业的学生。我已经几十年没看到这种玩具了，观察、犹豫许久，在我即将用餐完毕离开时，就壮着胆子向这对年轻人张口说：学生，谢谢你们，能告诉我这个玩具在哪儿买的吗？我想给我的小孙子买一盒。

他俩目光一致转向我，并不约而同地说：噢！老奶奶您不要去

买了，把这盒送给您吧！说着就收拾桌上的竹签往盒里装。我赶紧说：不要，不要，谢谢！你们只要告诉我在哪儿买的就行。这俩学生说着把盒放到我面前站起来就要走，我也赶紧站起来拉住他们并迅速取出10元钱给他们，他们说什么也不要，双方坚持着，最后我故意生气地说：你们不要钱，我也不要小棍儿了，但是你们必须告诉我在什么地方能买到？最后，他们收了钱说了声：谢谢老奶奶，您还给我们钱，真不好意思。您不要去买了，很远，再见！

我兴奋地把小盒放到袋子里，无心再逛其他店，径直回家了。当天晚上我和浩儿在围棋盘上玩了一晚上撒竹签游戏，他的小手指比我灵活多了，心也较细，有时还蹲下去从低处看两个竹签间有无缝隙，虽然他是第一次玩，但每回都比我拿的竹签多。这31支竹签各自有不同颜色记号，竹签盒盖内侧标明各个竹签分数，从1分至25分。

第一天晚上浩儿可能太兴奋了，没注意竹签颜色的区别及盒盖上的说明。

第二天晚上我指着各个竹签记号及盒盖上的计分方法跟他说：咱俩每次都计分吧，看谁总输！拿的竹签多并不等于赢。之后我们每次玩都各自计分，浩儿仍和算硬币一样，先分门别类把竹签按分放在一堆儿，用小纸条计算各堆分数，最后再用加法计算总分。他算得很细心，也很准确。

有天晚上，我对浩儿说：你算的很对，可是算的太慢了，姥姥教你一种快算的方法。说着我把31支竹签分门别类摆好，立即说出1分、2分、3分、5分、10分、15分的各自总分，最后加上25分那1支，他很惊奇姥姥怎么刚把竹签摆好就把分数算出来了？

我说你从明天背一种计算法则叫"九九歌"，你会背了，就算得快了。说着我就去塑料袋里取出了一个大纸盒剪成纸片（自从浩儿利用卡片认字以后，我家每次买物品有包装盒都不扔，放在一个大塑料袋内随时备用）。我把乘法"九九歌"分三部分写在三张纸片上。

从第二天起，我们祖孙俩每天往返幼儿园的路上浩儿都在练习背诵"小九九"。几天工夫他就背诵如流了，这之间的晚上在玩竹签游戏时候又是一个实际应用"小九九"过程。就这样又背又用浩儿很快掌握了一位数乘法。紧接着我又教他两位数乘法，两位数、三位数加法，并教他掌握了进位法。百位数内小数点加法他已在这之前掌握了。

有一天我整理家务时，翻出了浩儿妈妈小时候学习用的算盘和我多年前买的天平，浩儿对算盘不是很感兴趣，但对天平很喜欢。

第二天我们进超市的时候，我就有意识地让他看一些商品的重量标识，例如：一袋白糖 500 克，一袋盐 250 克、500 克，一小瓶草莓酸奶 125 克，一袋"小一休"榨菜 70 克等等。最后买了苹果、香蕉回来教他用天平称重。继而我又教他减法及借位法则。让他称两个苹果多少克，吃了一个，剩下的那个苹果多少克？让他算出刚才吃的那个苹果多少克？并让他把常玩、常用的橡皮、粉笔、硬币、积木练习称重写下它们的重量，他对这种既学又玩儿的游戏很喜欢，没多久他对克、千克概念理解了，玩这个小天平过程中使他熟悉了减法计算，也使他知道了重量平衡概念。

这段时间他玩积木也不是简单地用积木搭桥、搭小房子，因为他已有了数的概念，我就继而教他认识和区分方向、平面和立体的能力。例如三角形、锥形体，圆形、圆柱体，正方形、正方体，长方形、长方体。我剪了各种形状的纸片和相对立体形积木摆在一起区分，认识平面和立体，并让他用几块积木垒成塔形或任意形状，然后给他笔和纸，让他从正面、后面、左、右侧面把所垒物体的形状画出来并算出积木的个数。

后来浩儿上三年级时我发现他的数学课本上有这类内容，所以他学起来很轻松。原来我们祖孙俩不经意的游戏，竟然是他几年后数学课本的内容，浩儿的认知能力大大超前了。

浩儿离开幼儿园、准备上小学的暑假期间，我出题考他的理解和计算能力。我把题写给他，只念了一道题，他就把纸拿过去说：姥姥，我会算。果然没多大工夫，他就把试卷交给我了，我一看全算对了，只是我还没教给他怎样写算式和答题。我出的这张考题卷可能相当于小学二年级的水平，因为浩儿这两年里天天和数字打交道，又认识不少汉字因而他对题意的理解和计算都不感到陌生。

对于一个还没进小学校门的6岁孩子能不让大人讲题，自己看题、计算并能得出正确答案，说明浩儿已具备一定的自学能力。这是我们祖孙俩人三年多来一个好学爱问、一个趁势引导，激发了浩儿内在的学习潜力和求知欲，养成了他良好的学习习惯。是利用日常生活、玩耍中浩儿能接受的知识日积月累的结果，也是我们祖孙俩一直以来的互动学习方式使他牢固地掌握了小学一二年级数学等各科最基本的概念知识。

试题：

① 姥姥在超市买了下面的东西，一共多少千克？

一袋牛奶　　　500克　　买了四袋

一袋盐　　　　500克　　买了一袋

一袋洗衣粉　　1200克　买了两袋

大饼　　　　　500克

② 算一算姥姥共花了多少钱？

一袋牛奶　　　1元

一袋盐　　　　2元5角

一袋洗衣粉　　14元

500克大饼　　1元2角

③ 你每天早上8点钟上幼儿园，晚上6点钟回家，算一算你每天在幼儿园多少个小时？

④ 4个苹果500克，姥姥买了1000克苹果有多少个？

⑤ 一袋饺子重1千克，一个饺子重5克，你吃了8个、姥爷吃了20个，还剩下多少克饺子？

六、懂得亲情的乖孩子

浩儿就要上小学了，这两年来他懂事多了，基本上把精力用到认字、学知识上，在家里很安静，有思考性地玩他那些玩具，并且知道爱护家人了。

因为他懂事了，我也不粘冰箱门了，宣布冰箱对他开放。我把厅柜各拉门、抽屉之间互相制约捆的绳子解开了；鞋柜抽屉拉钮拧上了；壁柜、厅门上的纸尿裤揭掉了；餐椅和餐桌腿间捆的绳子解开了；卫生间龙头上包的塑料袋也拿掉了。

有一次他想喝可乐，打开冰箱，门里面有大、小两瓶，他很懂事地说：我喝小瓶，大瓶给爸爸留着。

有时候他想吃冰棍儿，经过我允许他蹬着小凳子打开冰箱上门拿时还会问我：姥姥，你吃吗？有时候我说吃。他就会拿两根，关上冰箱门跑到阳台上把冰棍纸剥到垃圾筐里，回屋把一根冰棍儿塞到我嘴里。

4岁上中班时还要赖，下楼或去幼儿园遇到天气不好时，得让我抱着，可是现在懂事了，不但不让抱了，晚上我们在超市买了东西他还主动帮我拿，有时候买的东西多了，他知道先拿一部分上楼送到家里或门口，咚咚咚再跑下来接我。

有一天我感到很累，走路慢了些，浩儿动情地说：姥姥老了，走不动了，我扶着姥姥上楼。我长大了挣钱给姥姥买好吃的，给爸爸买奔驰。

有一次我生病住院20多天，这期间周末、周日他吃饭很少，他

妈妈生气地问他为什么不好好吃饭？他竟然说：姥姥不在家我没胃口。医院环境和空气不适于儿童常来，我和他爸妈讲好，不让他去医院，但是我住院期间，浩儿每周日都去看我，他说想姥姥了。

浩儿很愿意帮妈妈做家务劳动，有时周末看见妈妈洗碗，会说：你休息吧！我洗。他真的把碗、盘洗得很干净，还会把碗、盘、筷子各自放到橱柜和抽屉里。

我们全家人觉得既然浩儿懂事了，也应该让这个家像个"家"的样子了，在浩儿即将上小学的时候给孩子一种家的温馨感觉。于是我和他妈妈一起选购了客厅沙发、桌、椅，卧室床、柜等家具，送货那天晚上浩儿回来看到家里变了样，别提多高兴了，跑到沙发和床上把它们变成了蹦床跳得开心极了。

浩儿幼儿园毕业前夕，任教老师和校医对他三年的幼儿园生活表现给予了良好评价。

上小学

任教老师们的评语是：

小浩小朋友很聪明，思维活跃，自尊心强，好学好问，爱劳动，讲礼貌。愿你像智慧小精灵一样经常开动脑筋，用智慧的钥匙开启小学生活的大门。

大二班老师

2005 年 6 月

校医大夫写的是：

小浩小朋友你离开幼儿园时身高是 117.2cm，体重 21kg，发育很正常。但到小学后要加强锻炼，多参加各项体育运动，把身体素质再提高一些好吗？

王大夫

2005 年 6 月

为了鼓励浩儿三年来在幼儿园的良好表现和祝贺他即将步入小学大门，能以容纳和面对大海一样的心情面对小学学习生活的各项困难。暑假中我们全家去了辽宁省兴城和菊花岛，这是浩儿第三次去看大海，也是第一次看到在海上翱翔的无数海鸥，当时浩儿还不会游泳，只能借助橡皮泳圈与大海接触，我们鼓励他明年暑假尽快学会游泳。

一、一年级的优秀生

根据浩儿的认知能力、识字程度和计算本领完全可以直接上二年级。我咨询了几位从事教育的同志，他们的意见是：幼儿园和小学是不同层次的教育概念，教学要求不一样，环境和周围的人也变了，应该让孩子对小学校有一个最初适应阶段，而且一年级重点是学汉语拼音，汉字认、写及语言训练。我也觉得从一年级学起比较

63

恰当，汉语拼音是学习汉字的基础，很重要。我从没学过汉语拼音，缺乏这方面知识，不但没教孩子，连我自己现在敲电脑键盘、利用手机发短信都是门外汉，这一课我不能让浩儿漏掉。因此全家人决定让浩儿从一年级学起，以便小学期间打一个牢固的学习基础。

上学了，我要感谢这坐汽车，当初是我学习字母、数字、汉字的启蒙"教科书"

　　浩儿入学第一天，一路上很高兴，到学校门口我给他照了几张照片之后，他一面往里走，一面还频频向我挥手走进楼里，这和三年前他进幼儿园第一天情景判若两人。

　　晚上我接他回家时也很兴奋。回家以后刚刚坐稳就从书包里向外拿书、本，并且告诉我上算术课时老师每人发了一张纸让同学们写数，他从 1 写到 100（浩儿 5 岁时用近乎美术字的笔体写的 1～100，曾在我家冰箱门上贴了一年，至今我仍然留存）。他说有的同学写到 53，有的同学写到 13，有的同学只写到 5，还有的同学不会拿铅笔呢！

吃完晚饭，我让他把语文课本拿过来从第一课开始读，看有多少字不认识，不一会儿他把全本书念完，其中只有 39 个字不认识。这 39 个字都是生活上应用较少，我没教过他的冷门字，例如：溪、捏、腰、逸、舞蹈、刨、瓣、翘、御等。由于第一天上课浩儿对写数字、识字课感兴趣不陌生，一节课 40 分钟能安静坐下来，浩儿表示愿意上学。

第二天早上仍是欢蹦乱跳地往学校走。谁知我们祖孙俩走到学校门口却看到一幕"闹剧"：有的孩子哭闹着不进学校大门，还有两个男孩干脆躺在地上，任凭妈妈和过来帮忙的老师又哄又劝就是哭着不起来，不愿上学。原来是第一天上课坐不住一节课，二是不会拿笔更谈不上写字，对上学发怵。

浩儿感到奇怪，问我：姥姥，他们为什么不愿意上学呀？我没有吭声。对这样的问题我无法向孩子解释。我想他长大了会自己找出答案。

入学以后我给浩儿选择的是一日三餐在学校用餐，午睡也在学校，浩儿在幼儿园时即是如此，他对这种学校生活很适应。

与幼儿园不同的是：白天时间不再是随意玩玩具、做游戏，而是得老老实实一节课一节课地坐在椅子上听老师讲课、认真学习。对这种严肃紧张的学习生活许多孩子开始不能适应、坐不住是可以理解的。

可是对浩儿来说 1～2 小时安静地坐在桌前写字、画画儿、计算早已是习以为常的事了，何况老师又能每天教他新知识！学校早餐后要上 4 节课，所以每天早晨 7:20 之前浩儿必须到校用餐，比在幼儿园时得早起近一个小时，可是浩儿喜欢上学，每天早晨我叫他起床时，从来一叫就醒，一咕噜起身穿上衣服洗漱后就出门，下

雨天也从不耍赖。

有时在上学路上还跟我说：姥姥我喜欢上学。我们班有的同学不在学校吃饭，上课总迟到。

我鼓励他说：咱们要遵守纪律、上学不迟到，你每天晚上要9点以前睡觉，不然，早上起不来。

他说：我一定不迟到。

浩儿果然说到做到，一年级全年保持了全勤，每天早上都是前几名到校。开学第二天晚上浩儿带回来一张学校印发的作息时间表，一张他们班的课程表，纸面很小可放到铅笔盒里。浩儿一进门就找我要纸，用尺子打了格把课程表抄写了一遍和作息时间表一起用磁铁块贴在冰箱门上。

我理解浩儿的意思，是让家里人知道学校的作息时间和他每天学习情况，浩儿的这个做法在以后的每个学期开始均如此：每次开学第一天回来就写一张（或学校发）作息时间表、一周课程表，有时自己还设计一张他每天下学后和周日的作息时间表，用几块吸铁石贴在冰箱上。浩儿的行动告诉了我们全家人他对学习的浓厚兴趣。

有一天我发现我们社区一处底商开办了儿童钢琴教学班，许多小朋友都去学了，我带浩儿三次去参观，动员他学钢琴，浩儿始终表示不愿学，我顺从孩子的心意不勉强。这时候我想到：浩儿在他妈妈怀他时，我曾经精心地录制了一盘轻音乐磁带让他妈妈每天听，用意在对他尽心胎教，而且他妈妈也比较喜欢唱歌，我们家也有钢琴，奇怪的是浩儿竟然不喜欢弹琴唱歌，看来胎教的效果不是百分之百奏效的。

开学以后很快就正式学习汉语拼音了，每天学的什么字母，浩儿回来都反复写，并且自愿当小先生教我，后来他还把元音、辅音字母、声母、韵母等分类写在一张大白纸上，贴在冰箱门上，每天回来"逼"我学。为了不打击他的"教学"积极性，我应付着跟他读，然而到现在浩儿的汉语拼音学的呱呱叫，基础很牢，我却仍然只记得和英语发音差不多的几个字母，至今自己不会敲键盘发 E-mail、查问题、发手机短信，偶尔周末想在电脑上看点儿什么，得请我这个小孙子帮我在电脑上找好内容才行。他有时就俏皮地说我：姥姥真笨！我笑着回答：姥姥老了！确实如此，我和浩儿同步学起，现在记得的汉语拼音知识赶不上他学的一角儿，确实是老了，加上根本就没用心学。浩儿的记忆力之强从他两岁学认字时我就领略了。

浩儿入学第一天我就给他专门买了一本不错的笔记本，让他每日练习造句，以便为今后的组词和写作能力打基础。第一天给了他三个词："高兴"、"欢迎"、"天气"，让他任意写出三个句子，之后几天回来仍然如此。后来他的老师规定语文作业：每周必须写一篇周记，我感觉这个方式更好，因而造句练习就停止了。周记练习果然有效地提高了浩儿的写作本领。浩儿对汉语拼音基本掌握了。我让他把小学生新华字典拿出来放在桌上醒目的地方，随时有不认识的字，自己查字典确认。

为了加强他对英语单词的记忆，我利用年历纸的反面，画了人体面部、四肢各部分，标上英语单词。用彩色水笔画了红、黄、蓝、白、黑、绿等颜色方块，标明相应的英语单词贴在门上，方便他随时认、记。

浩儿每天回来老师都留有一定量的汉字及汉语拼音抄写作业，他为了挤出看电视卡通片时间，有时写字潦草不认真，有天晚上我看到以后真生气了，把他已经写好的一页生字作业撕下来后，令他重新写并严肃地对他说：以后决不能马马虎虎做作业，不然，姥姥看到以后就像今天这样撕了重写。自从那次浩儿看我发脾气，至今做作业一直很认真，一笔一画字体工整。

我觉得对几岁不太懂事的孩子该娇纵的时候就娇纵，不要用大人的眼光和思维去苛求孩子就范，该严格的时候就要严格要求。

例如：浩儿上学以后，可能每天从早7点到学校至晚上7点半放学，一个刚几岁的孩子一天在学校12个多小时，至少得端端正正坐在教室里上6～7节课，还有其他体育、做操、开会、课外活动等等，孩子一天太紧张了，即使大人也会感到很疲惫。晚上孩子回到家对疼爱他、他信任的亲人撒撒娇，无忧无虑地释放一下紧张情绪，"胡闹"一会儿，长辈应该理解，不要阻止、责备孩子这种有益于他身心健康的"胡闹"。浩儿有时一进家门就和在路上对我的态度截然不同，进门有时不脱鞋就是一个大字形往地上仰面一躺，嘴里说着：快点儿！老头儿！我渴了。或者说：老太婆、臭姥姥，咱这个礼拜天吃肯德基去行吗？我想吃麦辣鸡翅和薯条了。碰到浩儿进门这种称呼、这种动作和要求，我会轻轻打他屁股一下说：别发混！他会用手捂着屁股大喊：大人欺负小孩儿了，大人打小孩儿了。有时也会喊臭妈妈、臭爸爸，然后哈哈大笑着站起来脱去衣服和鞋跑到卫生间小便、洗手。不一会儿情绪就调节正常了，该做作业或该玩，对我和家人恢复往常尊敬称呼。

浩儿从小思维活跃、性格开朗、说话幽默，除去外公以外对我和他爸爸妈妈时常开玩笑，经常逗得我们哭笑不得。

浩儿对我之所以敢喊臭姥姥、臭老头儿，实际上和我感情最浓厚、最有安全感，即使在家里看电视他也愿意和我挤在一个沙发上看，倚在我身上，哪怕夏季天很热，哪怕旁边沙发空着。有时全家人外出，在车上浩儿坐在我和他妈妈中间，他困了或累了，从来都是靠在我身上或把头枕在我腿上，惹得他妈妈很嫉妒。为此从三年级起我让他和妈妈一起睡，但有时几天工夫他就会说我想姥姥了。

浩儿在家里总是一副乐天派的样子，可是我却不止一次听他的老师对我说：这孩子学习很好，脑子很灵，但是不爱说话，回答问题声音很小。我觉得这与我本人和家庭环境有关。

浩儿自出生即由我一人带大，他的爸爸、妈妈、外公平时上班，只有周末才有时间和孩子接触，我家也没有过多亲友走动，除幼儿园和学校同学、老师之外，他与外界接触很少。加之他从小把精力都用在家里胡闹、淘气、摆弄玩具、写字、计算上，对外界事物和人与人的关系还不适应，缺乏胆量。但是，我想毕竟他现在仅是几岁的孩子，相信随着时间的推移，随着他对学校及社会的认识增长，长大些会有所改进。

开学没多久，浩儿可能学着班上的评比墙报，他用两张白纸粘在一起，打了格子，写了"优良梯"贴在客厅墙上，爸爸、妈妈、外公、外婆均榜上有名，每周都给我们评判优、良、差，不用说姥姥的评语总是优。

浩儿一回家不是写就是算，要么是画，我们家的纸、笔消耗量很大。为了鼓励孩子的求知欲望，有时我去一些大型超市购物也带他去，先奖励性地在超市附近麦当劳或肯德基店用餐，然后去超市购物。进超市先带他到文具部货架前任他自由挑选他喜欢的文具用品。他很懂事，所挑选的纸、笔、本、橡皮、彩笔等东西总是先比较价格，最后买经济适用的那种。有时看中一种喜欢的东西想买，还会跑到我面前问我：姥姥，你带的钱够吗？如果看到浩儿要买的东西有用，我会说：够。你买吧！一次浩儿跟我说：他图画课老师总发给他们一张又厚又大的素描纸，他看到货架上有这种纸，他也想买，我说：可以。还有一次我准许他买了一包 A4 纸，因为孩子太爱写、算、画了。有一天我们去图书大厦，他看见"成语故事"和"字词典"、"小学生英语"词典等几本书想买，浩儿问我：姥姥，你带的钱多吗？我点点头说：你买吧，这些书应该买。他高高兴兴地把几本词典放到车里。在图书大厦浩儿推着购书小车和我各层楼转是他最惬意的事。浩儿在家有空就算，见纸就画。有一次周日我带他乘地铁，这是他出生以来第一次乘坐这种交通工具，感到异常惊奇：地下怎么还有火车？可能观察很细，记忆深刻。当天晚上回

家他在一张纸上画了一节车厢内的情景：横杆、吊环、两侧长椅、两端及乘客进出的门，画的立体感很强。那天还画了肯德基店餐厅内的情景：柜台、柜台上的吸管架、柜台里玻璃柜中制好的汉堡、土豆条；仰面看到的图示板上汉堡、可乐、土豆条形状和价格。餐厅桌、椅形状，画的惟妙惟肖很逼真。尤其柜台和桌、椅具有的立体感，人们看到这幅画绝不相信是一个六七岁的孩子画的。

早在幼儿园时浩儿就画过幼儿园全貌图，画的也很逼真，一看三层楼的外形和结构就知道是他们幼儿园。浩儿一年级用秋天的落叶粘贴的"大头儿子小头爸爸"获得全校"叶贴画大赛"一等奖。有天晚上我接浩儿回家，他告诉我：他今天在班上速算得了第一名。我鼓励他上课要好好听老师讲课，不要骄傲。那天回家为了测试他的计算能力和速度，我从一本书中选了20道题让他计算，书中讲5分钟合格，浩儿只用2分20秒准确无误计算完了这20道两位数加减题。

一年级寒假期间浩儿除去做完老师留的作业之外，还从几本课外书上自己找题、自己出题，包括数学、语文、英语、画画儿，他竟密密麻麻算、写、画了100多张纸，其中仅A4纸就有74张。浩儿自上小学以后我们互相出题，我为了测试和提高他的理解能力，经常故意算错、写错或故意不写答题，他都能细心发现，这让他过足了小先生瘾，也增强了他的自信心和学习兴趣。据老师告诉我，他在班上还给同学出题让人家做。为了提高他这方面的兴趣，像个真正小先生，我们家一直备有红色水笔。

根据浩儿拿回家让我签字的数学、语文、英语测试卷，全学期他只丢了7分（97、98、98分，其余均为100分），看到浩儿学习成绩优异，基础知识扎实，我有意让他跳级，我向有关专家、教师以及我的老朋友们征求意见，他们一致意见是：孩子确实基础知识扎实，认知能力超前，应该及早让他跳级，不要再浪费时间。因此在征得全家人同意后，我向学校写了申请：希望鉴于浩儿一年级的学习情况以及认知能力，恳请学校允许他跳级。不久学校告诉我若跳级，暑假中必须参加二年级数学、语文、英语三门主课考试，各科考试成绩不得低于 75 分。浩儿跳级之事也得到了他的班主任老师的赞同和支持，她帮助收集二年级三门课的试卷鼓励浩儿试做。

暑假期间浩儿按指定时间和地点到学校参加二年级三门功课的考试。考试那天我送他进学校以后在校门口等他，不到三个小时规定时间就看他高兴地出来了，我问他考题难不难，感觉怎么样？他说：不难。我估计他各种成绩不会低于 75 分。虽然他没上过二年级，对他的实力我心里是有底的：他在三门课的认知能力上不是低能儿。

浩儿在一年级获得的各种奖状、证书多达 14 张。其中三次获得"年级口算比赛"满分成绩优异奖；年度"语文小明星"奖；寒假"优秀作业"奖；两次获得学校"十项奖"评勤学、守纪、礼仪、自理、友爱、俭朴、劳动、健身、环保奖以及学校颁发的"好儿童"证书。

班主任老师的评语写的是：喜欢你回答问题时流露的灵气，喜欢你认真写字时流露出的专注神情，你是一个聪明可爱的男孩，尊敬老师，团结同学。经过一年的学习生活，你已经成为一名合格的少先队员了。特别表扬他是：这学期每次上课老师都能听到你响亮而准确地回答，为同学们做出了榜样。希望你今后多关心集体劳动帮助同学。

暑假开学前一周，学校通知我：浩儿考试通过，允许他跳到三年级，9 月 1 日开学上课不要再去二年级原班，到 4 楼三年级 × 班教室上课。那天晚上和浩儿讲此事，他很高兴，但是看样子还不完全理解跳级的意义。对一个年仅 7 岁的热爱学习的孩子来说，到学校上学是他最喜欢的事儿，上什么年级他并不理会也不理解。

二、三年级的小弟弟

2006 年 9 月 1 日开学第一天，我送浩儿到学校，在校门口看见几个原来班里的同学，见了面一起拉手进学校，当浩儿告诉同学们我要从这个门上楼，不和你们一班了，几个同学拉着他的手不可理解，一个同学拉着他的手不放，说：我不让你离开我们班，说着竟然掉眼泪哭了。由此可见浩儿和同学们相处的多么融洽。

然而当放学时我去接浩儿，老远看到他与以往表现不同，一脸不高兴，刚走出校门抹着眼泪跟我说：姥姥，我今天哭了。我说为什么？是不是有同学打你了？他说没打我，他们欺负我。我问：怎么欺负你了？浩儿说上午升国旗仪式站队时候，我刚站好就有一个同学把我挤到一边去了，我又刚站好又一个同学过来挤我，还有一个女同学也挤我，我都不知道站在哪儿好了。我说老师看见了吗？他说后来老师才看见了。

第二天放学我接浩儿时候和他的班主任反映了昨天情况，希望她能帮助做些工作，浩儿愿意和同学们友好相处，班里的哥哥、姐姐们不要欺负这个小弟弟。

第二天班主任见了我说：他们两位班主任已经和班里同学做了工作，全班同学表示今后决不再欺负这个小弟弟，一定和他友好相处。果然此后在往返学校途中常听见班里同学友好地喊他"小浩"。一直到现在一年多来，每个年、节日浩儿都会收到不少写着送给"小浩"的贺卡，当然浩儿也非常礼貌地一一送这些同学。

自入学以来每年新年、教师节浩儿还会像在幼儿园一样记得给每位任课老师精心制作贺卡，我想这张轻如鸿毛的纸片老师们收到后一定体会一个小学童对老师的深情厚谊。一次两位班主任老师给浩儿的贺卡上写的是：有志不在年高！！天空任你翱翔！！小浩！你最棒！！

浩儿上三年级以后学的东西多了，理解力更强了，加上他喜欢动手爱思考，一回到家就"做实验"，他把储藏室的体重秤拿出来，让我和他妈妈称体重，他自己也称，原来他是在学习千克（kg）的概念，要么就找出"盒尺"量桌子、椅子、门，学习厘米、米和千米等长度的概念，还问我一层楼有多高？从电视儿童节目中看到"折纸"他也很喜欢，他妈妈特意给他买回一盒彩色方形纸。

他对时间概念更加注意了，数学课本上有这方面内容，我就把一个廉价买的塑料壳电子表让他随意拨弄，帮助他了解小时、分钟、秒三者间的数学关系。他仍旧经常鼓捣那堆积木，搭成不规则形状，四面看它们的形状、数它们形状和数量关系。有时用天平称木块、铁块、塑料块的重量，比较重量和体积的关系。不知为什么不善大声说话的浩儿却获得每周一课外教老师的喜欢，不只一次奖给他糖果。课后有的同学用橡皮或铅笔和他交换，浩儿会无代价地把糖给他们。为了鼓励浩儿学好英语，我们祖孙俩曾特意到图书大厦买了几本小学生英语必备的词典工具书；我还花不菲的价格给他买了"e百分英语家教王"，买后才知不尽如人意！

浩儿自幼和与他年龄相仿的孩子都能友好相处玩耍，在九格砖学写字时，有时候带的粉笔就剩一支时，若有小朋友愿和他一起写，他也会把粉笔折一半给小伙伴儿一起玩。现在大了仍然如此。

有个周末下午他和爸爸去逛附近一家大型超市，他爸爸给爱子花几十元又买了一辆电动遥控小汽车，爷俩高兴地回到社区在一块平地上玩遥控车，没想到引起在附近和爷爷玩的一个三四岁男孩的兴趣，哭喊着要玩这辆车，浩儿征得爸爸同意后把新买的车让给小弟弟玩。谁知这个小弟弟玩起来说什么也不还了，直到电池没电，

车跑不动了，他爷爷哄他说车坏了还给哥哥吧，那个男孩才不情愿地把车还给浩儿，那位爷爷向浩儿爷俩不停地表示歉意，然而这时天已晚了，浩儿爷俩只好去超市买了4节电池回家。

这件事让我想起浩儿两岁多在人行道九格砖用粉笔写字时，那位由奶奶带着玩的小姐姐折碎了浩儿塑料袋里所有的粉笔才离开，两个孩子与小朋友相处时的不友好举动不知他们的爷爷奶奶心里有没有触动？回家是否和孩子讲一讲他们能听懂的道理？浩儿一岁多时玩邻楼小姐姐的电动小汽车时说好玩10分钟，我就要求他只准许玩10分钟，要说话算数有礼貌。

浩儿的大妈很喜欢这个聪明活泼的小侄子，每次见面都送他一些智力拼装玩具，不久前又送给他"航空母舰"、"动感赛车"、"叉车吊装"及飞机等拼装玩具。一个周末和周日浩儿做完作业之后，一会儿拼装，一会儿趴在地板上看着说明书。这几套玩具，每套玩具零件都有上百个，多的有300～400个，零件加工极其精致，许多小零件只有小手指盖大。浩儿竟然没让任何家人指导，把航空母舰、飞机、坦克、战车、吊车等都组装好了，我家客厅地上、桌上已无处下脚，简直成了海军陆战战场。

平日浩儿不单沉溺于玩玩具，仍重于学习。晚上回来仍不断自己出题、做题，他写的东西多是当天学的或考试试题，有时也看参考书，自己做或者逼我做，还给我规定做题时间。我做题时有意写错的地方，他在判题时都能看出来给我扣分。浩儿每晚回家已近8点，考虑孩子累了一天，我常令他坐在沙发上看半小时电视卡通片，然后再写算或陪他下会儿棋，一般9点半前必定命令他睡觉。经常他在临睡前还会给我写出一篇数学题，算做留给我第二天的作业。第二天晚上一进家门就会问我：姥姥做题了没有？之后他认真判题评分。

我们祖孙这样互动学习方式从浩儿上小学一年级之后延续至今

兴趣未减。我之所以按时完成浩儿给我留的"作业"，目的是鼓励他的学习兴趣和了解他对新学习内容的概念是否清楚。

我们祖孙俩的共同口头禅是"说话算数"，就是谁答应做的事一定做到。例如他头天晚上给我出的题，布置的"任务"我答应了，第二天他回来检查时我一定做了。如果考虑我次日可能因事做不到，则当晚就向他表示，姥姥明天有事做不了。有一次我答应他周日一同去图书大厦，然而那天我腿很疼，他爸爸妈妈都劝我们不要去了，但为了我们的共同约定，我不能失信于孩子，何况孩子已经期盼了好几天了，而且也需要给浩儿自小树立一个"诚"、"信"观念，我们还是去了。回来时我连走到公交车站的力气都没有了，只好从图书大厦出来就打出租车到返回的公交车站点。

至今浩儿对我、外公及他爸妈互相之间信任程度是百分之百。幼儿小不懂事，关键在于长辈的言行、教育。

有时我与浩儿也和玩游戏一样地学习，例如互相写反义词、近义词或者我写出某些名称让他填空：例如

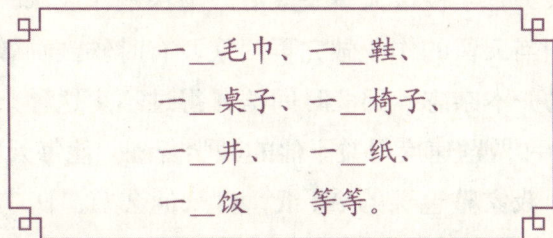

一_毛巾、一_鞋、
一_桌子、一_椅子、
一_井、 一_纸、
一_饭 等等。

有个周日下午吃完晚饭他自己一人拿张纸趴在地板上画，我没留意他在干什么，突然他大声喊：姥姥，姥姥！奇迹发生了！我算出来了。然后拿着纸跑过来给我看，说：姥姥，你看。我一看原来是他寒假作业中老师额外留的那道数学能力测试题。试题如下：

$$\begin{array}{r} \bullet\ 5\ \bullet \\ \times\quad\quad \bullet \\ \hline \updownarrow\ 9\ \updownarrow\ 6 \end{array}$$

浩儿的算式如下：

$$\begin{array}{r} 6\ 5\ 6 \\ \times\quad 6 \\ \hline 3\ 9\ 3\ 6 \end{array}$$

回答：● = 6   ☆ = 3

　　没想到这道题浩儿一直在琢磨着它的计算方法，最后终于算出来了，说明这个孩子的智能潜力、学习兴趣还有待深入引导。此后我有意地让他做了一些含有未知数的有趣应用题，他都极感兴趣，一有空就长时间趴在桌上琢磨解这些题。这些练习锻炼了他的思考能力和学习毅力。学校每天下午最后一节课是作业课，由老师指导同学把老师们当天留的作业做完再回家，有时候鼓励做得又快又好的同学，奖励一本杂志，那段时间浩儿得过不少这种杂志。浩儿的数学理解能力和做题速度得益于他的勤学苦练，他每天回家写、算、画已成习惯。我家整包买的 A4 纸，自从他会写、认字以来已消耗好几公斤了（包括有一次买的 1 公斤多的废纸）。

　　他每天在作业课上都把当天作业以最快速度做完，有时作业做完了无事可做，老师会发给他一张纸允许他画画儿。

　　升入三年级后，浩儿在班内仍是身高最矮、年龄最小的，但他的学习成绩仍名列前茅，没退出前三名。他说有个姐姐同学有时候考试分数比他多一点，有时候他比那个女同学多。有天晚上浩儿回来告诉我：老师把他叫到办公室问他还跳级吗？浩儿问我：姥姥，我还跳级吗？我说：不跳了。实际上按浩儿的基础知识和认知能力，尤其对数学的理解力和运算能力，他有潜力再跳级，可是他跳级以后的班不是与他同龄的少儿班，而是全班同学普遍比他大一两岁的高年级班。这样他在体育课和社会活动中是弱者，刚上三年级头两天孩子的遭遇至今让我心痛。

浩儿自上小学以后、跳级以来我始终相信孩子，从不过问他测验、考试的成绩分数，除非他回家以后主动告诉我，或拿回试卷让我签字，他不说我从不问。因为他对所学的数学内容概念清楚，对许多应用题能举一反三的自己出题自己解答，甚至在所学内容上再发挥，我清楚浩儿的数学功底，考试分数我心里有数。采取不过问形式，不给孩子施加压力，让他每天快乐、自信地应对每天的学习生活。

有时候他要测验或考试，考前晚上回来告诉我：姥姥，我们明天考××。我说：好。往往只嘱咐他三句话：好好看题，理解了再做，别马大哈！因为浩儿常因马虎而丢分。

当天晚上我会设法让他情绪轻松，让他看电视或与他下棋。我始终认为分数不能与孩子实际掌握的知识完全划等号。小孩子正是学知识的阶段，不能给孩子压力，让孩子从小就怕谈考试、怕谈分数。许多高考生晕场即是鲜明例子。

为了让孩子在紧张学习后的寒、暑假期间能松弛一下神经，趁假期能见见世面了解自己的国家，增长知识。三年级寒假期间浩儿和妈妈及外公用了较长时间去游览了几个城市：大连、旅顺、威海、烟台、蓬莱、青岛、济南、天津。

暑假中他爸爸妈妈又第五次带他去看大海：辽宁省的葫芦岛。这几个地方的旅游生活对浩儿来说很有意义。去前及回来以后浩儿都反复看中国地图，仔细在地图上寻找他要（已）去的城市在中国什么地方。至少从地理概念感性认识上他对这些城市留下深刻印象。

去葫芦岛旅游是住在一户渔民家，早上乘渔民自家木船随渔民去近海捕鱼，中午和晚上就吃刚从海上捕获的鱼、虾、蟹。使他既感到新鲜也感到开心。

开学以后在一次作文课上，这个 8 岁的孩子写的作文，足可以让我们做老人、当家长的不可忽视带孩子离开小家，到外面走一走看看祖国大好河山是多么的有必要。

浩儿葫芦岛之旅以后写的作文：

去葫芦岛度假

暑假里，我们坐车去葫芦岛度假。

到了那里，只见大海一片汪洋，还有许多形态各异的渔船。

"我们得找一家农村旅馆"，妈妈说。

我们找呀找呀找，没有一家是农村。都是一些豪华型旅馆，那里一定会很贵的！

傍晚，我们还是找不到，经过爸爸的上海同事的带路，"终于找到啦！"我欢呼起来。

第二天一早，我们出海打鱼，一位七十多岁的老农把我背上了船，爸爸、妈妈，还有一些同事都陆续跳上那只船。

船开了，载着我们的船向着大海中前进。不过几分钟，大海一片汪洋，什么也看不清，只见天连着水，水连着天，都不知道东南西北了！

老农把网子向水里一扔就看见许许多多的黑影就在网子里了。

过了几十分钟，渔船回来了。老农又把我背了回来，把我放到地上。

我脱下鞋，感觉沙滩热乎乎的，像地下着了火一样！

我们又走回了渔村，午饭就吃我们刚捞的螃蟹什么的。晚饭还不是一样吗！

第二天一早，我们告别了渔村，告别了大海，告别了辽宁省葫芦岛市。

再见了，大海！

这篇小短文记录了浩儿对大海的认识。日常吃的虾蟹是生活在浩瀚的大海里的。了解了渔民的生活情况，帮助他认识了社会认识了自然，提升了孩子多方面的认知能力。在三年级的学习生活中，浩儿一直表现很好，在班上学习成绩名列前茅。两次获得学校"十项奖"评中的勤学、守纪、礼仪、服务、自理、友爱、劳动、俭朴、健身奖；"生活常规小标兵"称号；被学校评为三好学生，荣获学校颁发的"好儿童"证书。

老师写的评语是：

作为我们这个集体中最小的一员，相信"小浩"这个亲切的称呼一定让你喜欢和依赖我们这个大家庭，老师也看到你在用自己的行动证明着你对这个集体的关心和热爱，每次你的大哥哥大姐姐们做劳动时，你也总是着急地抢着去做，因为你爱我们这个大家庭，想为它尽自己的力量，这让我们都为之感动。在集体行动的步调中，你又是一个和谐的音符，不论是带队还是做排头，你都用最严格的标准要求自己，人小但是志气高！好的学习习惯和你敏锐的思维能力使你成为超越同龄人的佼佼者，老师为你高兴，更高兴的是你喜欢和适应这个集体，并且为集体的发展和进步做出了自己的贡献！

浩儿的绘画作品在学校所在区，中、小学生"书法、绘画、摄影、工艺美术"比赛中，荣获绘画"小学 3～4 年级组"三等奖；获"艺术之星"全国少年儿童美术、书法、摄影大赛"美术一等奖"，参品入选中国少年儿童杂志社 2008 年出版的"中国少年儿童优秀艺术作品集"。

三、四年级我要更棒

转眼到了 2007 年 9 月 1 日，学校又开学了，浩儿不到 8 岁半已是小学四年级的学生了。在班里他仍是个子和年龄最小的小弟弟，同学们都亲切地叫他"小浩"。

开学不久我让浩儿爸爸买了一块小黑板，这块黑板成了我和浩儿互相留作业的工具。但是浩儿回来仍喜欢用纸写、算、画，每天晚上至少要"消耗"1～2 张 A4 纸。实际上孩子消费纸的过程也是他掌握知识的过程。我每天语重心长地鼓励他这种孜孜不倦的学习精神，他爸爸和妈妈则用实际行动给予支持，经常周末去超市购物前都查看一下家里还有没有纸？要不要给儿子买包 A4 纸回来？

我和浩儿仍然互相出题做"作业"。有天晚上他给我出了一道两个三角形相叠的题，让我数出图中含有多少个三角形。我数出有 21 个，第二天早上我没告诉他答案，他晚上回来进门就做这道题，答案也是 21 个。

还有一个周末晚上他给我出了一道文字题：甲、乙、丙、丁、戊 5 人共有 298 元，甲给丙 10 元，丙正好 100 元，丁比戊多 7 元，现在乙与丙一样多，甲、乙、丙加起来共 190 元，甲与丁、戊加起来是 98 元，问甲、乙、丙、丁、戊各有多少元？

临睡前我们俩人躺在床上，他逼我做，无奈我只好遵命，到我算出答案转身告诉他时候，一看小家伙已经睡着了。再看他手里还拿着一张纸，上面答案和我一样。

这道题内容很复杂，我怀疑他是从书上抄来的，可是晚上他坐在沙发上出题的时候并没看到他看书。于是第二天早饭以后我告诉他答案并且问他这道题是从什么书上抄的？他一再说是我自己出的，我的纸条还在这儿，并问我：你验算了没有？5 个人的钱是不是 298 元，我说验算了。这道题真是你出的？他看我不相信，竟然委屈地哭了。

浩儿自幼极少哭，尤其像今天这种委屈的掉眼泪，他一边哭着一边向我解释，原来这道难度较大的文字题是他倒着算的，根据数学关系设计的题意，再验算出答案的总数确是 298 元。

我一边向他道歉，一边哄他，并且鼓励他这种举一反三的开动脑筋锻炼精神可取。后来他又根据这种出题方法给我出了栽树、邮票等数字游戏题，并且用"爱学习"、"学习爱"、"习爱学"三个字各代表一个数字给我出了一道题。用几种水果的重量交换出题，都是用反推算方法设计出来的，我很欣慰浩儿这种思维能力的提高，这源于他每晚不停地写算开动脑筋。

他的数学认知能力远远超过了他的年龄，按理我应该引导他学习更深入的数学知识，但是对一个刚刚 8 岁的孩子来说，每天在学校中应对四年级的学习生活，体力和精力付出与年龄承受能力已经不相匹配，因而也是我这个做外婆的不忍心让小外孙再跳级，再承受更多人为压力，只能跟随学校的学习进度适可而止了。

我家多年一直订阅《北京晚报》，浩儿从小就喜欢取报、"看报"，前一两年可能刚入学，学习生活太紧张顾不得了。从 2007 年下半年他又每天下学路过信报箱主动取晚报，有时周末还主动下楼取报并把垃圾带下去扔掉，原来他迷于晚报"智力休闲"版上的"九宫格"填数游戏。这也是他最近晚上在家的乐趣，报纸一到手他就会坐在沙发上聚精会神地琢磨怎么填写 9 个阿拉伯数字，为了保证他 8 小时睡眠时间，只要看到他在填"九宫格"，我和他妈妈就得一再催他睡觉。有时临睡时把报纸递给我说：姥姥，你接着填吧！

凡是动脑筋的游戏他都有兴趣。

不知他从什么地方看到有国际象棋比赛，可能是在北京晚报上看到的消息。浩儿让他爸爸买了一副国际象棋，可是我们家没人会教他，他真聪明竟然想到求教于电脑！他利用周末、周日我允许他玩 1 ~ 2 小时电脑的时间，并看着棋盒里的说明书学会了下国际象棋，这也有他会中国象棋的基础的无形帮助。

那个周一晚上他放学回来，一进门就要教我下国际象棋。在这个"小先生"两个晚上指教下，我也学会了下国际象棋，从此只要晚上有时间，他就拉我和他下棋，有时时间充裕，"中国"、"国际"各下一盘，多是我被将军结束，逼我双手投降他会笑着说：姥姥真笨。然后高高兴兴地去睡觉。

不久，不知从何处得到的信息他又让妈妈买了一种"大富翁"棋，这种棋下起来既费时又费脑，但很有意思。它是一种涉及全国各省市名称知识、人民币知识，灌输儿童经济知识的综合型游戏棋，只是下一盘太费时间了，一盘下来弄得我头晕眼花，但是他兴趣盎然。因此，我约束他平时晚上不许下这种棋。

每个周末和周日下午是浩儿和爸爸固定的锻炼时间。这个学期浩儿学会了游泳，并且通过了深水测试，没人教他，他却学会了潜泳。他喜欢和爸爸一起打羽毛球、网球、乒乓球，尤其喜欢打网球。网球拍很重，他一只手拿不动，总是两手拿拍子，但是据他爸爸说：打的还像回事，总是打到满头大汗为止。

有一天他满头大汗回家后说，他和同学打篮球了，他喜欢打篮球，那个周末他爸爸带他去超市买回来一个篮球，周一他征求我们意见，问：可不可以把篮球带到学校？放学以后和同学玩。我们对他这种与同学一起锻炼身体的做法举双手赞成，自此他每天早上带着篮球去学校，下午回来总是汗流浃背。

浩儿从小没有自己花过一分钱，即使在学校集体外出也从未给过他钱。

这学期语文课本中有一课讲到颐和园，为此学校组织全年级师生去颐和园参观游览，增加学生们对颐和园的感性认识。

浩儿每次参加在学校组织的集体外出活动时都让他带个相机与

老师同学们互相拍照。这次特地又给他把相机电池充足电，让他带相机去。考虑全天活动，颐和园景致较多，怕中途没电，又让他把他妈妈刚买不久的两节充电电池带着备用。

游览中浩儿看到外班一个不认识的同学沮丧着着急地说：怎么办？电池没电了，相机白带了。浩儿想我不是有两节电池嘛，先给他救急吧！于是把两节电池拿出来让这个同学使用，那个同学一看不是本班同学，不好意思白要，掏出 4 元钱一定要浩儿收下，浩儿不好意思地收下了 4 元钱。回来把 4 元钱交给我，讲了全过程。我和他妈妈听了哑口无言。

不知道是责备孩子，还是鼓励孩子好。50 多元的两节充电电池送给了不认识的同学换回 4 元钱，也不知哪个班，连名字也没问，可是孩子确实做了一件助人为乐的事，再说我们也没告诉他这是充电电池，比普通 2 元钱一节的电池要贵得多。为了这件区区小事兴师动众去找那个同学也没必要，反而会挫伤孩子这种助人为乐的精神。

于是我和他妈妈商议：充电电池的事不再提了。我们鼓励浩儿说：你做了件好事，难得去一趟颐和园，不然那个同学的相机就白带了，他能继续拍照一定很感谢你。

我因为腿部关节手术两个多月没和浩儿同住。一起生活后发现他每晚回家看电视时间较长，有天我和他讲：你每晚看电视时间长对眼睛不好，不如利用这段时间复习一下学过的英语单词。他爽快地说：好吧！于是关掉电视，问我怎么学啊？

我想到他两岁多时剪卡片学汉字的经历，就和他说：你拿点儿废纸盒来，咱俩剪卡片，再拿两个塑料袋来。和小时候一样把剪的卡片放在一个袋里，我让他凭记忆默写已经熟记的英语单词放在另一个袋子里，到 9 点多该睡觉的时候一数，浩儿写了 47 个英语单词，我顺势鼓励他说：你看这半个小时多有收获！以后咱俩每天晚上学半小时英语，不用多久你就可以看英语图书了。你还记得在图书大厦英语图书架前面那些大哥哥、大姐姐们在那儿翻看那些花花绿绿有趣的英语图书吗？像这样积累到一定的英语单词数量你也可以看英语书了，你忘了小时候每天学汉字，记多了以后，你就能看儿童图书小熊维尼和大灰狼了吗？！

他说：我们学的英语书上没有那么多字啊！我说：咱们家不是有字典吗？有的字可以查字典啊！

在数学、语文、英语三门主课中，我感到他的英语知识是弱项，下学期我准备除每晚用一定时间督促他记一些单词以外，还准备让他学一个自上小学以来从未上过的课外补习班，报一个"外教英语班"，这将有益于提高浩儿的英语听、说能力，增加他学英语的积极性。

暑假过去开学后交了一笔价格不菲的学费给浩儿报了一个外教补习班，这是浩儿上小学以后第一次报补习班，刚开始浩儿还放弃难得和爸爸一起打球的时间高高兴兴去学，一个月后他就说那个外国老太太和后来换的外国男老师讲的没兴趣。我们还以为他不愿去学了，后来一了解情况，不少孩子家长也反映他们的孩子也不愿再学了，原来老师讲的内容不对路，内容多是英语语法，而他们又不会说中国话，孩子们喜欢的口语没有，较深的语法知识孩子们的年龄和基础知识还难于接受，因此勉强学到这个班结束就不再学了。

为了不放弃让浩儿提高英语的认读能力，给他买了一台具有复读功能的录音机，家里有他英语课本同步学习的磁带，和他商议约定：他每天放学带英语书回家，晚7:00～7:40看书听录音机自学英语40分钟，一周后改学数学或语文，三门课程交替学习40分钟，这样浩儿每天下午5:50放学回家他一般都在学校把当天作业做完了，至7点有一个小时的放松思想、自由玩耍的时间。8点以后他要看"喜羊羊与灰太狼"卡通电视节目,再之后和我下两盘棋就漱洗,9 点半之前准备睡觉。

浩儿下午 5:40 放学回家之前,无论我在看电视或是使用电脑都即时关掉,在他 7:00 ~ 7:40 这段学习时间里,我们家人不管谁在做什么事都尽量不出声、少走动,给浩儿创造一个安静环境,使他专心学习不受干扰。浩儿对学习有浓厚兴趣,也具备了一定的自学能力,自从上三四年级,每年寒、暑假期间我都会和他一起去图书大厦选购一些他喜欢的光碟和书籍,例如"神探柯南"、"猫和老鼠"、"哆啦 A 梦"以及一些国内名校编写的同步教学各学科资料。开学以后出一些提高语文程度的小题,观察他对字、词的掌握程度,例如成语填词、纠正:

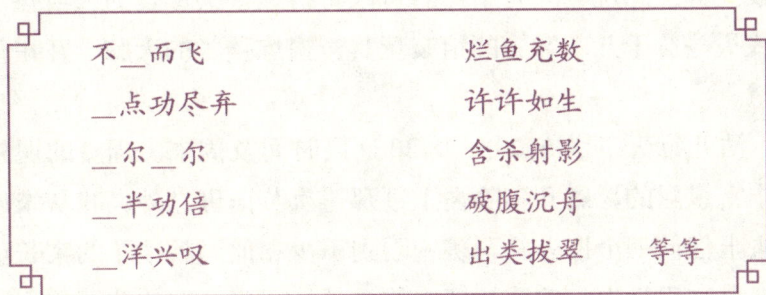

不__而飞	烂鱼充数
__点功尽弃	许许如生
__尔__尔	含杀射影
__半功倍	破腹沉舟
__洋兴叹	出类拔翠　　等等

或者我写出反义词让他写同义词,或者我把书本上一段内容的标点符号遮去让他重新填写,这种锻炼对浩儿语文知识的提高是无形的,但是它日积月累的沉淀在有朝一日应用时,效果却是明显的。

有时他会自己玩一会儿那些复杂的拼图玩具、组装车辆、坦克或直升机或者选本卡通书坐在沙发上极其投入地阅读。有时候一边看还会哈哈大笑,有时候也会拿张纸边看边把他头脑中随时构思的画面画出来,画的逼真而有趣。学校科教课的老师有时询问同学是否参加车模比赛?遇到这种时候,无论参加比赛与否,我们都鼓励浩儿用他的压岁钱购买车模，之后他把车模拿回家，极有兴趣地按说明书组装，有时当天晚上就能组装好一个车模。

有一次他组装的一个跑车车模装上两节电池竟能闪着红、蓝灯在一张随车模拿回来的画有黑色足形平面轨道上跑，有时跑偏了，浩儿会用小螺丝刀拧一下，跑车就会乖乖地沿着跑道跑起来。原来车模和平面轨道是利用磁性相吸的原理控制车模行车路线的。结构复杂的车模浩儿竟在一个晚上正确组装好，这应归功于他从小就手脑并用地在家里不停地折腾以及后来毫无惧怕的拆、卸玩具，这种智力的不断积累和提升使他现在组装车模、船模等得心应手。

由此我想到有些家庭，作父母和祖辈的不要害怕和制止小孩子在家里拆、卸玩具，有条件的可以将给孩子买零食的钱或孩子的压岁钱买些益于儿童智力的组装玩具，锻炼孩子的大脑，开拓孩子的智慧。

浩儿每天下学 6:00 ～ 9:30 这段时间及周末、周日的课外生活是丰富多彩的，这几年除去上过那一次英语班之外，我从未逼迫孩子去上任何一个课外补习班。看到不少和他同龄孩子的家长让孩子在课余和假日上一些花样繁多的课外补习班，有的孩子周末、周日要上 2 ～ 3 个补习班，多数需乘车跨区到学校，弄得大人、孩子疲惫不堪。学习收获和效果可想而知。

浩儿四年级的学习生活轻松渡过了，正像他三年级期末自己说的"四年级我要更棒"。他在学校的实际表现和学习成绩验证了他说的话。

浩儿四年级的学习成绩各科均是"优"，两学期均被评为三好学生。

老师给予的评价是：聪明、帅气的你充满了阳光般的朝气和热情。你热心班级的各项活动，是一名十分讨人喜爱的学生。课堂上，你认真听讲，举手回答问题的频率越来越多：课下，你勤于思考，努力使自己的知识积累得越来越多：美术课上你用你的画笔勾勒着你的美好人生：体育课上，你能积极参与、努力配合，使班级的整体保持一致，生活中多一些自信，相信你会生活得更快乐；有较强的自控能力，聪明好学，和同学相处很和谐，你是最棒的。

同学们说他是一个很爱开玩笑的人。

此外他还获得学校颁发的十项奖项中：勤学、守纪、礼仪、自理、友爱、劳动、俭朴、环保、健身评比奖，以及"口算小明星"、"规范书写"奖，学校所在区的第二十五届中、小学生"书法、绘画、摄影、工艺美术"比赛中"绘画小学 3～4 年级组"二等奖，并被聘为中国少年先锋队队刊"中国少年儿童"学生记者站的小记者，获得了"记者证"。

编后语

在本书的小主人公浩儿刚入小学时（2005 年），我就结识了柳珏老师，并开始与她探讨出版此书的相关事宜。如今，浩儿已经成为初中二年级的学生了（但年龄只有 11 岁），小时候养成的好奇、好问、好学的习惯，一直伴随着他的成长。浩儿喜欢学习各种知识，从学习中体会着成长的快乐。现在，他是一个德智体全面发展的阳光少年。

如今，第一代独生子女——80 后们已经陆续升级为爸爸妈妈，他们所面临的工作、生活压力，使得他们中相当一部分人，在很大程度上不能承担带孩子的义务，不能把更多的时间和精力投入亲自培养孩子、伴随孩子成长的过程中。于是，无论在城市还是在乡村，更多的孩子是在爷爷奶奶或外公外婆的陪伴下长大。

性格在很大程度上影响着人生，习惯也许会决定一个人一生的命运。柳珏老师虽不是教育家，但她用自己的智慧在 8 年的育儿实践中，为浩儿的行为立下了许多好规矩，培养了浩儿许多好习惯，这将是浩儿受用一生的财富。

尽管柳珏老师的许多做法不一定很完美，也不一定适合所有的孩子，但我们还是决定不加任何评论地将《一位外婆的育教经验》奉献给大家，真心希望这位外婆的爱心与智慧，无论对爸爸妈妈，还是对爷爷奶奶、外公外婆，以及教育工作者，都能有所启迪。

每个孩子都有自己的个性和特点，最了解孩子的人莫过于孩子身边的亲人，让我们在照顾好孩子的生活起居的同时，更加关注孩子的性格和习惯的培养，让他们健康快乐地成长。

责任编辑　杨　艳

2010 年 11 月